東
西
南
北
乙訓郡
葛野郡

監修者――五味文彦／佐藤信／高埜利彦／宮地正人／吉田伸之

[カバー表写真]
勝龍寺城と神足村
「洛外図屛風」(部分、神戸市立博物館蔵)

[カバー裏写真]
大山崎と山崎城
「洛外図屛風」(部分、中井香織蔵)

[扉写真]
「山城国西岡領知図」
(財団法人永青文庫蔵)

日本史リブレット 26

戦国時代、村と町のかたち

Niki Hroshi
仁木 宏

目次

「国」と「所」の世界

中世末期の社会はどのような構造になっていたのか。そこから、近世社会はどのようにして誕生したのか。この問いは、繰り返し発せられ、いくつもの回答が示されてきた。

近年においては、中世末期の村落共同体や複数の村からなる地域社会のもつ「下からの」自律性を高く評価し、それが近世にも継承されることを重視する見解が有力である。しかし、こうした視角だけでは、近世社会がなぜ成立しなければならなかったかを説明することはできない。織豊《しょくほう》政権（織田《おだ》・豊臣《とよとみ》政権）が、村落のなかで成長してきた土豪《どごう》▲を支配者集団に取り込み、城下町《じょうかまち》に集住させたのはなぜか。兵農分離《へいのうぶんり》の説明▲と都市論を欠いているのである。

▼**土豪**　地侍《じざむらい》、小領主、村落領主などとも呼ばれる。一つの村に一人〜数人いる有力者で、一般の百姓たちのリーダーであるとともに、支配者でもあった。

▼**兵農分離の説明**　近年の「戦争と平和」の視角のみからする兵農分離研究は社会構造論になりえないし、「民衆に視座を置く」ことで統一権力の怖さ、狡猾《こうかつ》さを過小評価することは歴史の本質を見誤らせるものである。

他方、権力による支配を重視する論者の多くは、主従制による「上からの」社会編成に大きな意味をみいだしている。土豪が武家《ぶけ》権力の被官《ひかん》に編成されることを強調し、イエ支配の拠点である領主《りょうしゅ》の城館《じょうかん》が発展して城下町ができあがるとする。村落共同体の自律性の継承、複数の村落の連帯による地域社会秩序の形成などを軽視し、また多様な都市発展のなかに城下町を位置づける姿勢を欠く。

これらの研究に共通する問題点として、戦国時代末期（一五三〇年代から八〇年代）の畿内《きない》について十分検討していないことをあげたい。この時期、荘園《しょうえん》領主側の文書が枯渇する一方、惣村《そうそん》文書▲も残存量は多くない。そのため、村落論・地域社会論においては、十六世紀初期の村を一足飛びに近世村落へと結びつけてしまいがちである。他方、大名《だいみょう》論、城郭《じょうかく》・城下町論は、関東や東海・北陸、あるいは中国地方などを中心とし、畿内は「特殊地域」としてしか扱わない。さらには、地域の特性を無視し、各地の事例の都合のよい部分だけをつなぎあわせる研究も目につく。

だが、織田信長《のぶなが》・豊臣（羽柴《はしば》）秀吉《ひでよし》が拠点としたのは京都・大坂であり、畿内

▼**惣村文書**　惣村が作成し、伝来した文書群。領主や他村とのあいだに交わされた書状、検注帳《けんちゅうちょう》や村の財政を示す帳簿類、村人の生活規範である村掟《むらおきて》などからなる。

社会の「克服」が天下統一の基礎条件であった。だとすれば、畿内を舞台に、中世後期から近世初頭まで途切れず、村と町からなる地域社会を、地域と権力の両面から考察することが、冒頭に示した設問に答える有効な方法の一つとなるだろう。

本書では、従来、重視されてきた領主・百姓や村の「経営」についてはほとんどふれない。そうした視角に立つかぎり、村落や地域社会を再編成するダイナミズムを解明することはむずかしい。むしろ、土豪やその連帯組織が地域においてどのような社会的存在であったかに注目したい。こうした方法が「下から」と「上から」の視点のズレを解消する有効な分析法であると考えるからである。

本書が対象とする山城《やましろ》国西岡《にしのおか》地域と大山崎《おおやまざき》は、京都の西南の郊外に位置する。ここは、地域住人の自律的活動がもっとも盛んな地域として有名であるが、同時に、幕府《ばくふ》・三好《みよし》政権・織豊政権の支配の展開を継続的に追える場でもある。

十五世紀中ごろ、都市大山崎は惣中《そうちゅう》によって代表される「所」となり、十五世紀末には、西岡に土豪の連帯組織である「国」が出現した。そして、戦国後期以降、武家権力はこの「国」と「所」を承認し、「克服」していくなかで、この地に新しい近世社会の枠組みを形成していった。

たしかに、西岡や大山崎は「特殊地域」かもしれない。しかし、「国」や「所」に多少なりとも類似した組織は各地に認められる。だとすれば、西岡と大山崎の歴史に、当該期に普遍的な、あるいは時代の最先端のあり方があらわれている可能性がある。すなわち、この「国」と「所」をめぐる世界、村と町の形を解読することが、戦国社会の本質、その近世への展開を明らかにすることにつながるのである。

①——村と町の結びつき

西岡の歴史環境

十四世紀半ば以降、史料にみえる山城国《やましろ》「西岡《にしのおか》」地域は、向日市《むこう》・長岡京市《ながおかきょう》の全域と、京都市南区《みなみ》・西京区《にしぎょう》、大山崎町《おおやまざき》の一部からなる。桂川《かつら》の右岸（西岸）にあたるが、嵐山《あらしやま》▲から松尾社《まつおしゃ》▲付近までは含まない。また上桂村《かみかつら》・上野村《かみの》▲なども範囲外であった。ほぼ山陰道《さんいんどう》以南を範囲とし、久我縄手《こがなわて》・西国街道《さいごく》に沿った地域にあたる。また上桂村・上野村を含まないことは、上五ヶ郷《かみごかごう》・下六ヶ郷《しもろくかごう》からなる用水組織（後述）のあり方とも共通する。大山崎も西岡には含まれない。これは、大山崎が西岡の村々とは異質な、独立した都市であったことによる。

乙訓郡《おとくに》から南端の大山崎をはずす一方、葛野郡《かどの》の一部を編入したのが西岡であるということもできる。しかし、西岡と乙訓郡は本質的に異なっている。すなわち西岡とは、村々の集まりであり、それが街道・用水など、住人の生活に密接に関連した要素によって結びついている地域社会だからである。

西岡のなかに中脈《なかすじ》▲と呼ばれる地域がある。桂川に近い比較的低湿な部分で、

▼**嵐山**　桂川の右岸、現在の京都市西京区嵐山にある山。

▼**松尾社**　桂川の右岸、現在の京都市西京区にある神社。後述するように、桂川の水の利用をめぐって、西岡の村々とはライバル関係にあった。

▼**村**（荘・郷・村）　西岡では中世の荘園《しょうえん》と近世の村の領域がかなりの程度、一致する。また中世において、村（村落）のことを「郷」と呼ぶことも多い。しかし本書においては、地名を表現するとき、原則として「〇〇村」と記すことで統一する。

▼**中脈**　一四九三（明応二）年の「中脈合戦」は、植松《うえまつ》・築山《つきやま》（京都市南区）などで戦われている（『久我家文書』）。「中脈」とは、西岡（向日丘陵）と桂川のあいだに延びる、南北に長い領域を意味するのだろう。

おもに桂川から取水した用水によって灌漑される範囲にあたる。この中脈に対比して、狭義の西岡は西寄りの向日丘陵周辺や西山山麓付近をさす。

　西岡を貫通する主要交通路としてまず久我《こが》縄手をあげることができる。大山崎の北端に発し、一直線に北東方向に延びて鳥羽《とば》(京都市南区)にいたる。鳥羽からは「鳥羽の作り道▲」を北上して平安京羅城門《へいあんきょうらじょうもん》に続く。久我縄手上に位置する下植野《しもうえの》村(大山崎町)付近には、中世後期、関所▲がおかれた(『教言卿記《のりときぎょうき》』『離宮《りきゅう》八幡宮文書《はちまんぐうもんじょ》▲』)。また応仁《おうにん》の乱《らん》に際しては西国からの上洛軍《じょうらくぐん》がこの道を使用している(『尊経閣《そんけいかく》文庫文書』「野田泰忠軍忠状《のだやすただぐんちゅうじょう》」▲)。

　江戸時代以降は、西国街道が久我縄手にかわって、主要交通路の座を占める。西国街道は、大山崎の北端で久我縄手と分かれて北上し、神足《こうたり》村(長岡京市)をへて、向日神社▲・寺戸《てらど》村(向日市)の辺りから北東方向に向きを変え、上久世《かみくぜ》村(京都市南区)付近で桂川を渡って京都の東寺《とうじ》口▲にいたる。この街道は、豊臣秀吉《とよとみひでよし》の時代に本格的に整備されたと伝えるが、中世においても街道として機能していた。上・下久世、大藪《おおやぶ》(京都市南区)など五カ村が十六世前半、東寺に対して桂川の渡船への援助依頼を行っている(『東寺百合《ひゃくごう》文書』)が、この渡船は上久

▼**鳥羽の作り道**　平安京朱雀大路《すざくおおじ》を南へ延長させた街道。平安京と鳥羽を結ぶため、あらたに造成してつくられた。

▼**関所**　中世の関所は通行税(関銭、兵士役などと呼ばれた)収入をえることを目的として、朝廷・権門や幕府、村などが設置した。中世後期には、交通量の増大を受けて、とりわけ京都と大阪湾岸(兵庫・神崎《かんざき》・渡辺)のあいだに乱立した。

▼**離宮八幡宮文書**　離宮八幡宮(大山崎町大山崎)に伝来した中世・近世の文書群。中世に都市共同体に保管されていた文書群が、離宮八幡宮におさめられたものと考えられる。神社本体に伝わった分とは別に、有力神人である疋田家に伝わった写しも現存する。

世村付近と対岸の石原《いしはら》村付近を結び、西国街道の一部を構成した。また、一五六八（永禄《えいろく》十一）年には、山科言継《やましなときつぐ》▲が山崎から「寺土《てらど》」（寺戸）経由で帰京している（『言継卿記《ときつぐきょうき》』）。

西岡の主要交通路としてはこのほかに山陰道がある。京都の七条口《しちじょうぐち》から西へ向かい、桂川を渡河したあと、革嶋《かわしま》村・岡村（京都市西京区）をへて、老《おい》の坂を越えて丹波《たんば》国にいたる。この山陰道と西国街道を結ぶのが物集女《もずめ》縄手で、その途中に物集女村（向日市）が位置する。

「神人在所」大山崎

大山崎（山崎）は山城国と摂津《せっつ》国の両国にまたがって立地した。中世には、天王山《てんのうざん》（大山崎町）と男山《おとこやま》（八幡《やわた》市）のあいだの地峡を淀《よど》川が貫流しており、大山崎はその北岸に位置する。男山には石清水《いわしみず》八幡宮▲が鎮座し、その山下《さんげ》には八幡の町があった。

平安時代前期、平安京の西国方面への外港は山崎であった。山崎で船からおろした荷物を久我縄手を利用して平安京に運び込んでいた。ところが、平安時

▼**野田泰忠軍忠状**　応仁の乱に際し、東軍方として各地を転戦した、寺戸村の土豪の記録。一四七四（文明六）年三月付。西岡の土豪の活動範囲の広さがうかがわれる。

▼**向日神社**　「延喜式《えんぎしき》」神名帳に「向神社」とみえる。現在も、西岡の多くの村々ごとに宮座《みやざ》組織をもつ。

▼**東寺口**　東寺の南西隅辺り（京都市南区唐橋《からはし》付近）。

▼**山科言継**　一五〇七〜七九年。日記『言継卿記』は洛中洛外《らくちゅうらくがい》の日常的な出来事を詳細に記して興味深い。

▼**石清水八幡宮と八幡**　平安京・京都の「裏鬼門《うらきもん》」として、また源氏《げんじ》の氏神《うじがみ》（八幡神）として信仰を集める。その門前町《もんぜんまち》である八幡は、山城と河内《かわち》方面を結ぶ、東高野街道の起点。

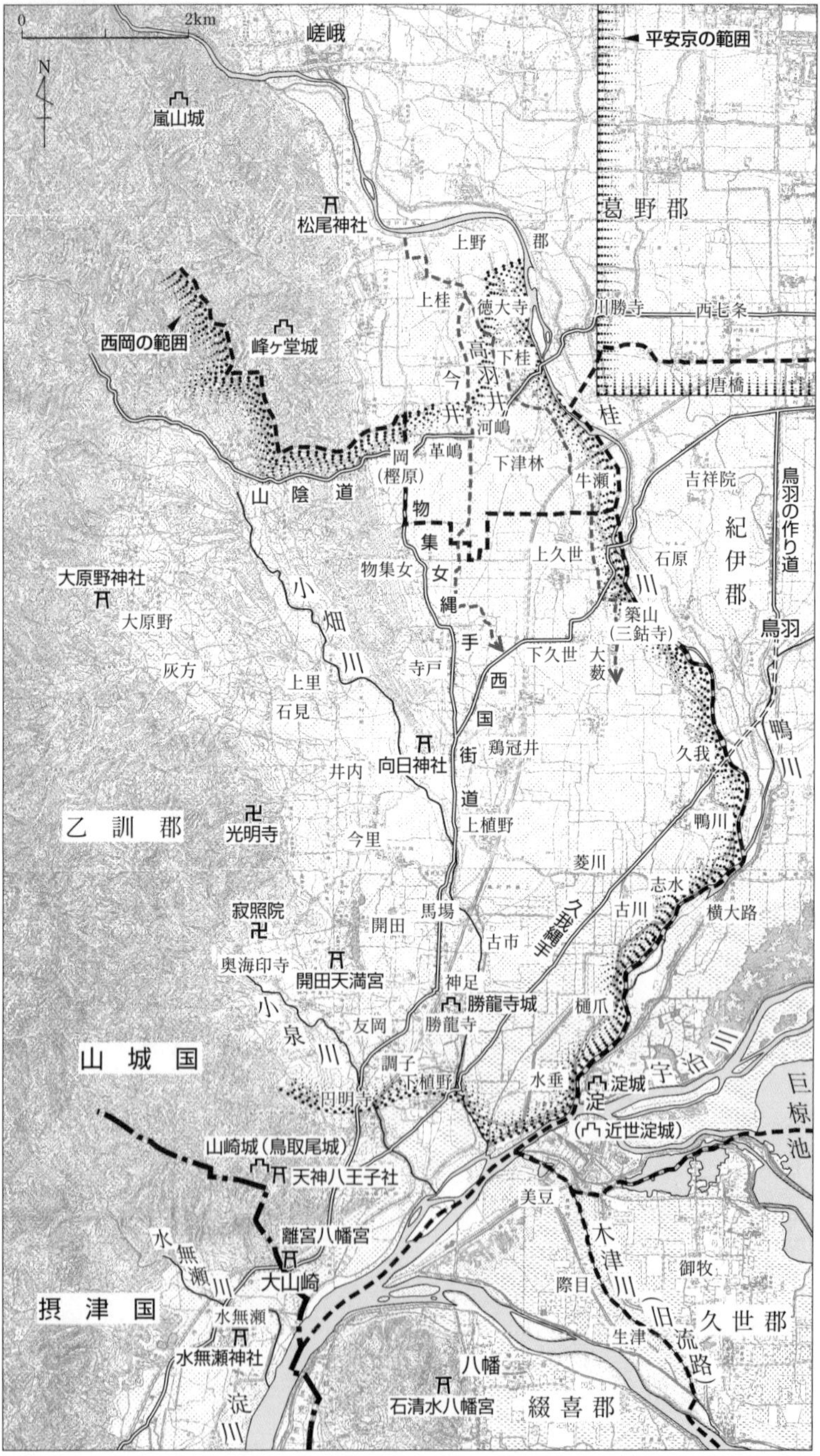

●─西岡と周辺の歴史環境　図中の帯の内側が西岡の範囲。

代のなかば以降、淀津▲（京都市伏見区）が発達していくと、山崎は西国交通の首座の地位をおりる。しかし、山崎が京都を中心とする水上・陸上交通の結節点であることに変わりはなく、中世前期を通じて、数多くの倉庫が立地し、住人の多くは権門《けんもん》▲と従属関係にあった。このように山崎は、首都京都を中心とする遠隔地交通網の重要ポイントに位置していたため、逆に、地元の村々との直接的な関係は希薄であったと考えられる。

　権門による支配からの自立をめざした山崎の住人たちは、十三世紀以降、石清水八幡宮に仕える神人《じにん》▲の身分を共通して獲得することで連帯を強めた。そして八幡宮の日使頭祭《ひのとうさい》▲に奉仕し、灯油を貢納する見返りに、荏胡麻《えごま》▲油の独占的な製造・販売の特権を獲得する。

　一三九二（明徳《めいとく》三）年には、将軍足利義満《あしかがよしみつ》より、「神人在所《ざいしょ》」であることを理由に守護《しゅご》不入▲特権を授けられた（次ページ写真）。

（足利義満）
（花押）

八幡宮大山崎内、東は円明寺《えんみょうじ》を限り、西は水無瀬河《みなせがわ》を限る。日使大神事等重役神人在所たるにより、往古以来より、惣じて公方課役《くぼうかやく》を勤めざる所

▼**淀津**　桂川・宇治《うじ》川・木津《きづ》川の合流点付近に発達した港湾都市。摂関《せっかん》家や石清水八幡宮の支配下にあった。

▼**権門**　大寺社や上級貴族などの有力者（あるいは組織）。寺家《じけ》・公家《くげ》として朝廷を支えた。

▼**神人**　神（神社）に奉仕するかわりにさまざまな税負担を免除された人びと。天皇に仕える供御人《くごにん》などとならび、その実態は商人である場合が多い。

▼**日使頭祭**　石清水八幡宮第一の祭礼といわれる。八幡神の勧請《かんじょう》にあたり、勅使が派遣された故事を再現する。

▼**荏胡麻油**　荏胡麻をしぼって抽出される油。菜種油が一般的になる以前、灯油の代表であった。

▼**守護不入**　守護権力に介入されることをまぬがれる特権。自律的な警察・裁判の執行、守護からの賦課の免除などを内容とする。

「神人在所」大山崎

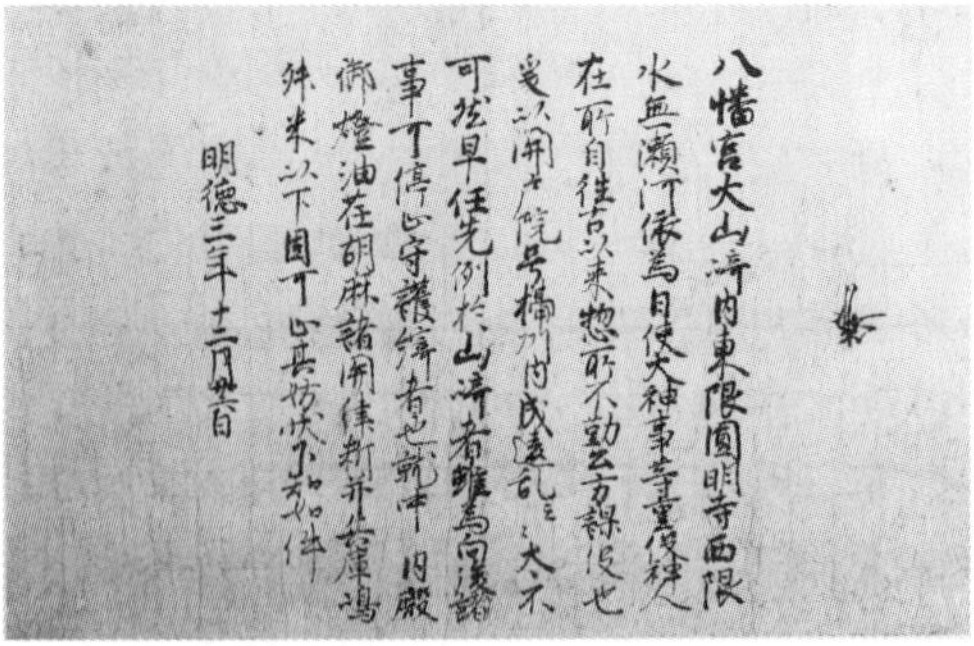
（花押）
八幡宮大山崎内東限円明寺西限
水無瀬河依為日使大神事等重役神人
在所自往古以来惣所不勤公方課役也
爰以関戸院号摂州内成違乱云々太不
可然早任先例於山崎者雖為向後諸
事可停止守護綺者也就中内殿
御燈油荏胡麻諸関津料并土倉鳴
料米以下同可止其妨状下知如件
明徳三年十二月廿六日

●―足利義満袖判下知状　一三九二(明徳三)年十二月二十六日(『離宮八幡宮文書』)。

●――大山崎と十一保(『えごまを求めて』大山崎町歴史資料館，に一部加筆)

なり。ここに関戸院《せきどいん》をもって摂州《せっしゅう》内と号し、違乱を成すと云々。はなはだしかるべからず。早く先例に任せ、山崎においては、向後《きょうこう》たりといえども、諸事、守護の綺《いろ》いを停止《ちょうじ》すべきものなり。中《なか》ん就《ず》く、内殿御灯油荏胡麻、諸関津料《つりょう》▲ならびに兵庫嶋升米《しましょうまい》▲以下、固くその妨げを止むべきの状、下知《げち》くだんの如し。

明徳三年十二月二十六日

（『離宮八幡宮文書』）

この文書によって、大山崎の領域が、円明寺（大山崎町）から摂津の水無瀬川（島本《しまもと》町）までと確定されるとともに、膀示《ぼうじ》▲が打たれて広く明示されたらしい。また、これに先立って、山崎には十一の「保《ほ》▲」と呼ばれる地縁的なまとまりが形成されていたことが確認される（『離宮八幡宮文書』、前ページ図）。

「神人」という社会的身分をもつ住人によってなりたつ「神人在所」として、その領域を確定した都市・大山崎がここに成立した。

室町《むろまち》時代、大山崎の住人の中核は油商人（上写真）で、諸国をめぐって商売していた。油の生産・販売の独占権を侵す者は幕府《ばくふ》に訴え、その権益を守られて

▼**津料**　通行税の一種で、港湾を利用するときに支払う。

▼**兵庫嶋升米**　船が兵庫津（神戸市）を利用する際に、積荷米一石につき一升をおさめる通行税。

▼**膀示**　領地の境界を示す装置で、樹木などの自然物であったり、石や杭《くい》を立てたりした。

▼**十一の保**　このうち、八幡方面への渡船場へ続く道路が西国街道から分岐する辻《つじ》保・藤井《ふじい》保が中心的な保であり、早くから開けていたらしい。

●**中世油商人の姿**（『製油濫觴』）

いた。しかし、大山崎に本拠をおくのは油商人だけに限らない。一四〇四(応《おう》永《えい》十一)年、京都への出入り口である東寺南口で「山崎米商人」が関銭《せきせん》を徴収されることに決まった。このとき、一般の「商買輩《しょうばいのやから》」とは別に、わざわざ「山崎米商人」を名指しして賦課しようとしている(『東寺百合文書』)。大山崎には有力な米商人がいて、大山崎と京都のあいだを頻繁に行き来していたのである。

このほか、土倉《どそう》・酒屋▲や旅籠《はたご》もあった。また播磨《はりま》国守護赤松《あかまつ》氏の一族の家臣《かしん》になり、播磨国・美作《みまさか》国に領地をあたえられるなど、広域に活躍する人びともいた(『井尻家《いじりけ》文書』▲、一四ページ上写真)。一方、京都に移り住んだ住人は新加《しんか》神人として特権を認められ、祇園御霊会《ぎおんごりょうえ》▲に定鉾《しずめほこ》をだす(『尺素往来《せきそおうらい》』)など、有力商人として成長していった。住京神人は、一三七八(永和《えいわ》四)年には紺・紫▲・薄《はく》打《うち》▲・酒麹《しゅぎく》▲などの諸商売に従事していたことがわかっている。なお、一三八三(永徳《えいとく》三)年には、大山崎に「塩商売新市」を市立てしたため、淀魚市の住人との対立も生じている(『疋田本《ひきたほん》離宮八幡宮文書』など)。

このように、大山崎は、室町時代の経済発展の波に乗り、中世前期とは異なる形で、京都を中心とする流通圏のなかに地歩を築いていった。しかし、その

▼**土倉・酒屋**　本来、倉庫業者、造り酒屋であったが、しばしば質物をあずかって米銭を貸しつける高利貸しとなる。

▼**井尻家文書**　大山崎の有力神人である井尻家に伝わった文書。

▼**祇園御霊会**　祇園社の祭礼。京都に災いをなす御霊(政争に敗れ、恨みをいだいて死んだ人びと)をなぐさめる。

▼**紺・紫**　染色業。

▼**薄打**　金属を延ばして箔《はく》をつくる業者。

▼**酒麹**　酒造り。

ことは逆に、大山崎が相変わらず周辺の村々と密接な関係をもたずに存立していたことも意味していた。大山崎が西岡と有機的なつながりを示すようになるのは、さらに次の時代である。

土豪と村落共同体の登場

鎌倉時代後半までに、革嶋南荘（京都市西京区）の下司《げし》・革嶋氏など、西岡の土豪《どごう》の多くが荘官《しょうかん》として頭角をあらわしつつあったものと思われる。彼らが歴史の舞台に広く登場するのは十四世紀である。革嶋氏のほか、開田《かいでん》村（長岡京市）の林氏、神足村の神足氏らが、六波羅探題《ろくはらたんだい》を滅ぼす合戦に参加し、室町幕府成立後は幕府方となった（『尊経閣文庫文書』など）。

なかでも革嶋幸政《ゆきまさ》・神足信朝《のぶとも》らは「山城国御家人《ごけにん》」とされて、将軍直轄の軍事力に位置づけられた（『革嶋家文書』など、次ページ下写真）。それまで荘園村落のなかの存在でしかなかった土豪が、幕府・将軍と結びつくことによってあらたな社会的身分を獲得したのである。

このころまでには、西岡各地で垣内《かいと》集落が成立していた。一三四四（康永《こうえい》三）

▼**大山崎と周辺の村々の関係**　このころのものとしては一三六九（応安二）年、「円明寺住人大隅左衛門尉以下輩」が大山崎神人らと武力衝突したらしいことを示す記事（『離宮八幡宮文書』）しかない。

▼**下司**　荘官の一種で、地元住人が就く所職としては高位にあたる。

▼**六波羅探題**　鎌倉幕府が京都・西国支配のためにおいた機関。一三三三（正慶《しょうけい》二）年、足利高氏《たかうじ》（尊氏）らに攻められて滅亡。

▼**垣内集落**　一定の領域に民家が稠密に建ちならぶ集落形態（集村）。畿内《きない》では一般に、十二〜十四世紀に成立するといわれる。

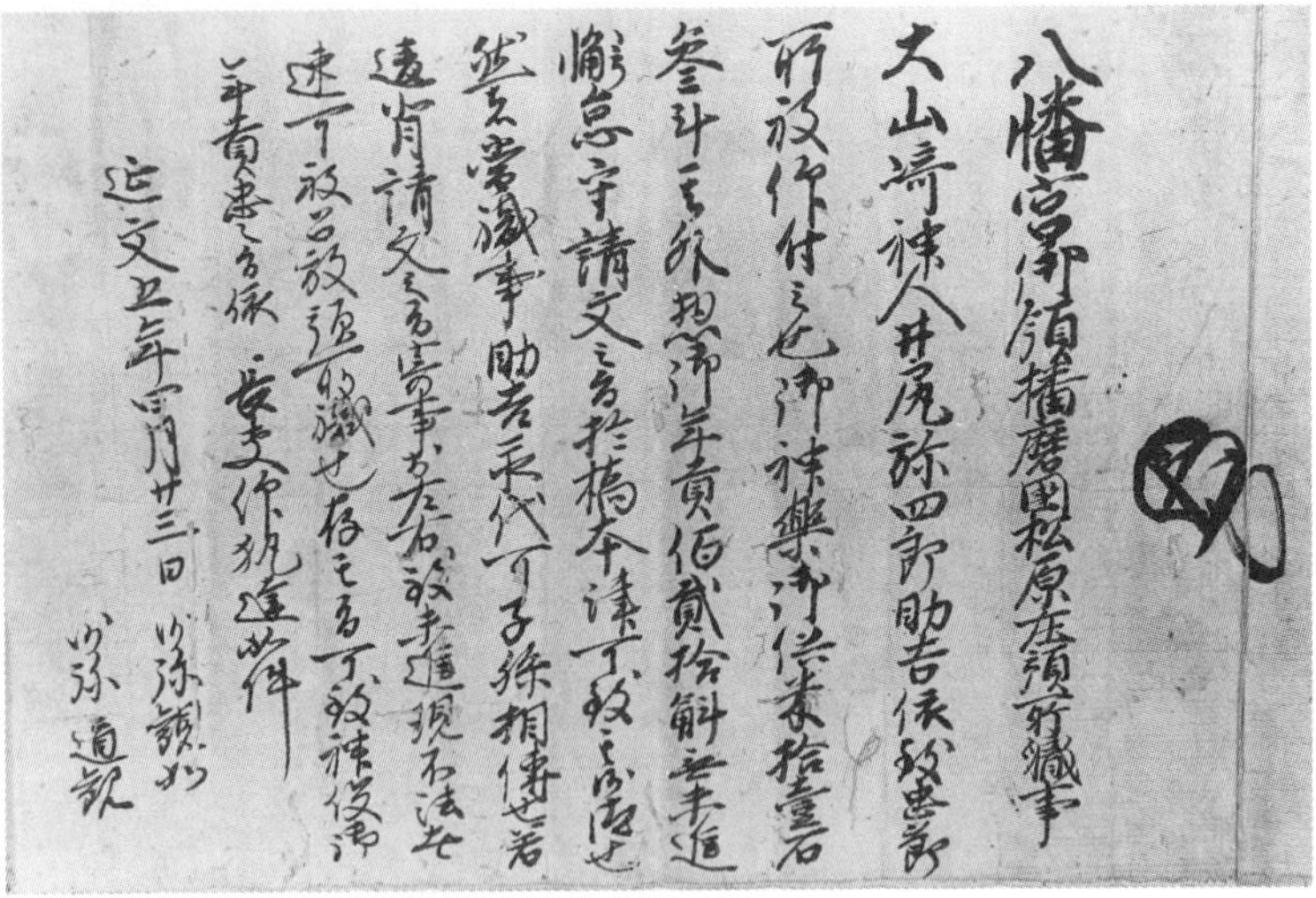

●──石清水八幡宮別当家奉書　1360(延文５)年４月23日(『井尻家文書』)。井尻助吉が播磨国松原荘預所職をあたえられている。

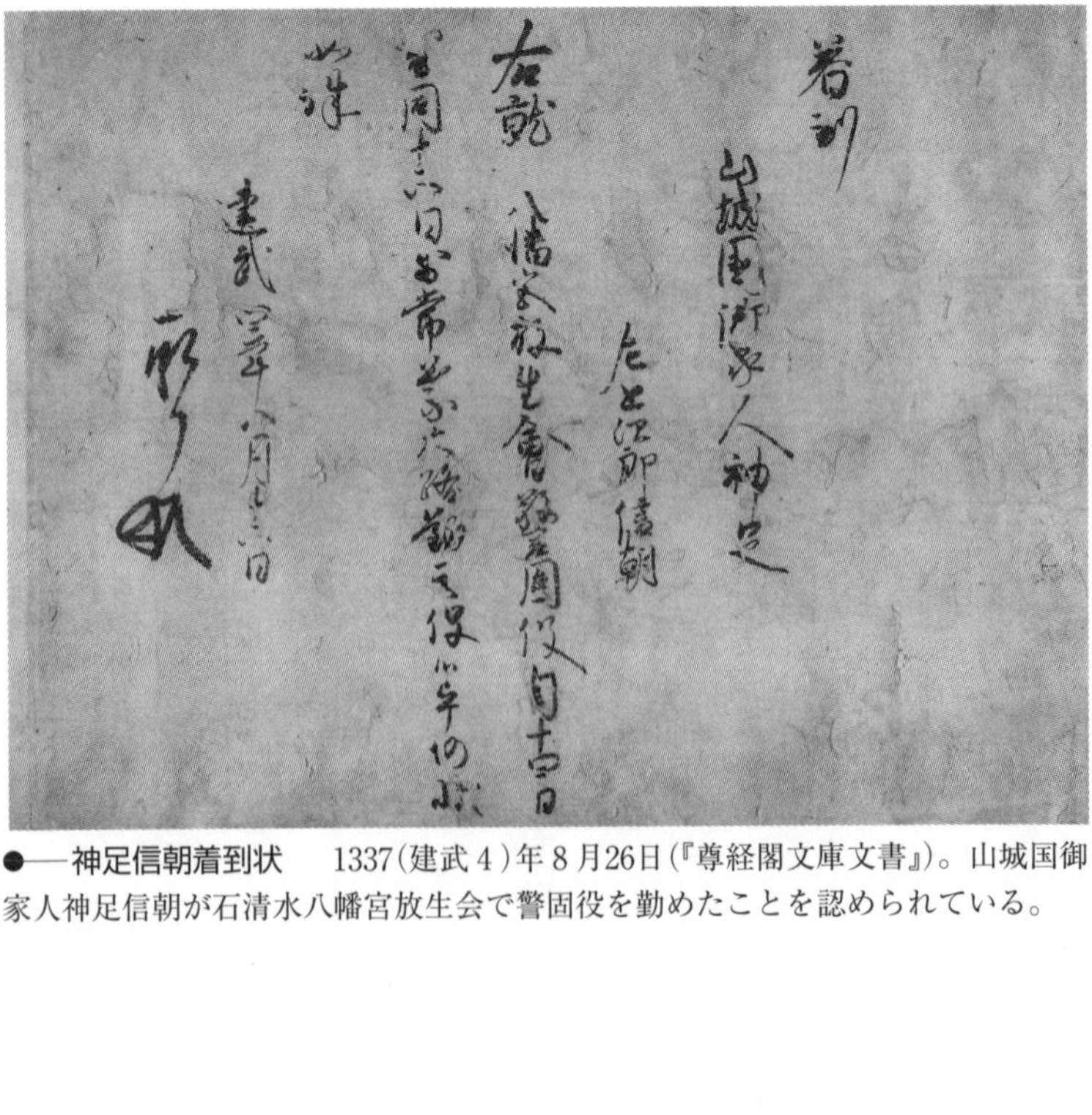

●──神足信朝着到状　1337(建武４)年８月26日(『尊経閣文庫文書』)。山城国御家人神足信朝が石清水八幡宮放生会で警固役を勤めたことを認められている。

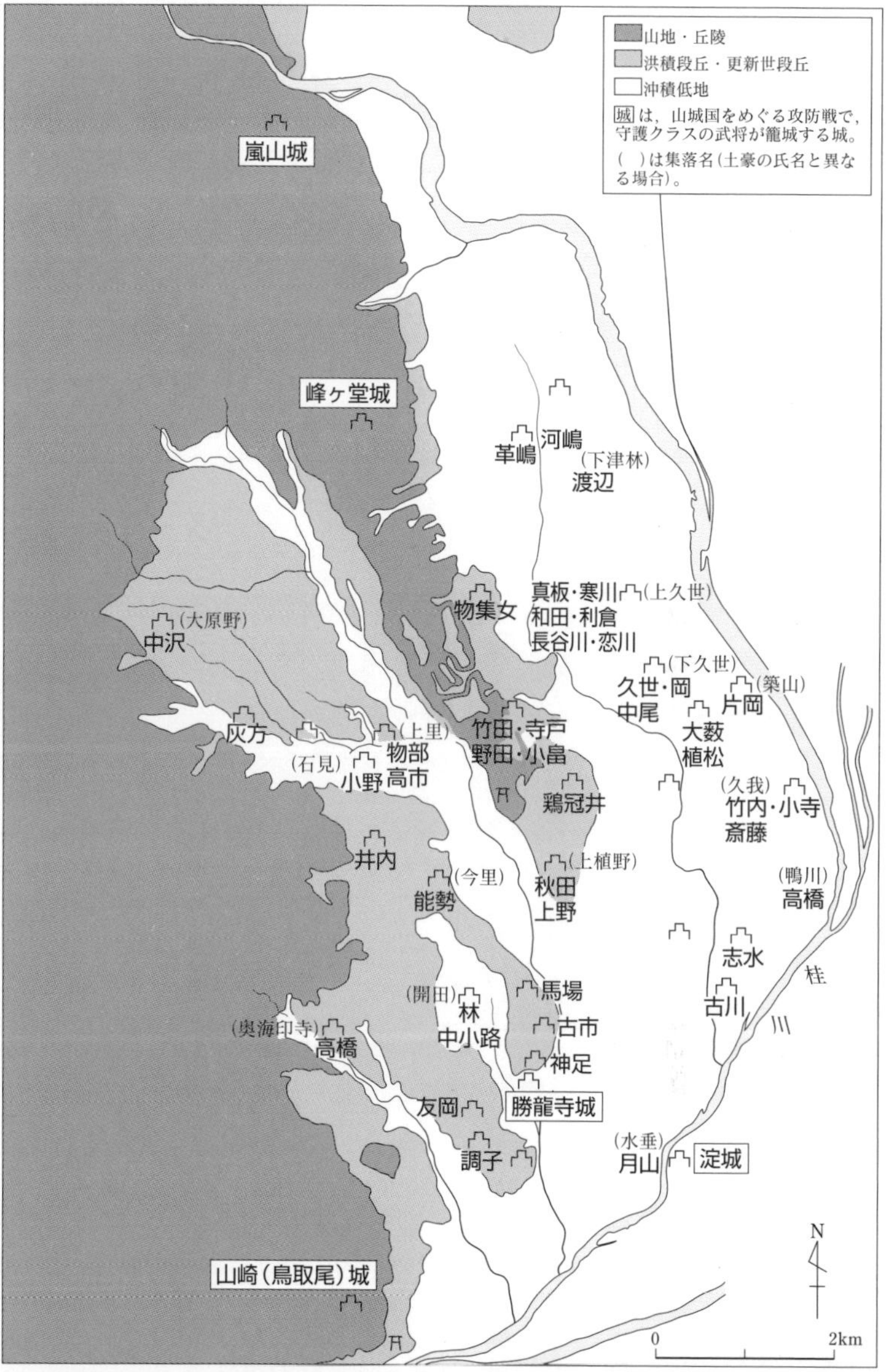

●—西岡の土豪・城館と集落（『京都の城，乙訓の城』大山崎町歴史資料館，に一部加筆）

年に造立された、奥海印寺村《おくかいいんじ》（長岡京市）寂照院《じゃくしょういん》の仁王像《におうぞう》の体内におさめられた結縁交名《けちえんきょうみょう》▲には、石見《いわみ》（京都市西京区）・今里・開田（長岡京市）・上野（下植野のこと、大山崎町）など、村ごとに住人の名前が記されている（『寂照院仁王像像内《ぞうない》文書』）。こうした村を単位として住人が結集し、村落共同体を形づくっていたことを示す。土豪たちは、こうした村落のリーダーでもあったのである（前ページ図）。

徳政をめぐる村と町

京都を襲う徳政一揆《とくせいいっき》▲の有力な発生地として、一四四一（嘉吉《かきつ》元）年以降、西岡があらわれる。一四四七（文安《ぶんあん》四）年には、上洛した一揆軍を東寺付近で撃退した幕府軍が、その勢いで一揆の本拠とみなされた西岡などを攻撃しようとした。一四五七（長禄《ちょうろく》元）年の徳政一揆の中心勢力は西岡の馬借《ばしゃく》▲だという（『経覚私要鈔《きょうがくしようしょう》』など）。

一四五九（長禄三）年には、東寺が、久世上・下荘の沙汰人《さたにん》▲らを召し上げて、荘内に一揆に与力《よりき》する者がいないか、問いただしている。荘民《しょうみん》らは、該当者が

▼**結縁交名**　仏像の造立に出資することで仏と縁を結んだ人びとの名前を書き上げた史料。

▼**徳政一揆と土一揆**　徳政一揆は徳政（借金の棒引き）を求めて蜂起する一揆（連帯して起こされる〈武力〉行動）。土《つち》一揆は村落を単位とする地下人の一揆。徳政一揆は、土一揆を母体としながら、土豪などを取り込んで成立すると考えられている。

▼**馬借**　馬を使役して物資輸送にあたる運輸業者。

▼**沙汰人**　下級の荘官（下司より下位）で、しばしば村落共同体の指導者グループを形成した。

いないことを起請文《きしょうもん》▲で誓ったが、このときの署名が「侍分《さむらいぶん》」と「地下分《じげぶん》▲」に分かれている。上久世荘では公文代《くもんだい》▲寒川光康《さむかわみつやす》を含め侍分二一人、地下分八五人、下久世荘では侍分一二人、地下分五六人であった(『東寺百合文書』)。これは、当時の上久世村・下久世村内部の階層分化を示している。

一四六五(寛正《かんしょう》六)年十一月には、どの家の被官人であっても、土一揆《つちいっき》に同意した者は闕所《けっしょ》▲処分にするとの命令が幕府からだされ、これを受けた伊勢《いせ》貞親《さだちか》は、革嶋・鶏冠井《かいで》・馬場ら「西岡御被官中《ごひかんちゅう》」に、土一揆への合意を禁じた。ところが、革嶋左近将監《さこんしょうげん》が貞親のもとに参上し、西岡付近での土一揆蜂起の動向を「迷惑」と訴え、一層の対策を要求している。これに応じて貞親は、地元にとどまることは、「すこぶる同意に相似たるや」(まるで同意しているようにみえる)との理由で、鶏冠井・馬場ら被官人たちに上洛し、土一揆蜂起が鎮まるまで在京するように命じた(『親元日記《ちかもとにっき》』)。

このことは、土一揆の蜂起に際して、土豪らが軍勢を指揮した事実があったことを推測させる。日常的な村落結合の延長として西岡の村々は土一揆・徳政一揆をたたかったのである。しかし、その一方で、今回の革嶋左近将監の行動

▼**起請文**　神にかけて誓って書かれた文書。

▼**侍分・地下分**　侍衆《さむらいしゅう》である住人と一般住人。ここでいう「侍」とは一般的な意味での武士のことではなく、村落内の身分。

▼**公文代**　下級荘官の一種である公文の代官。

▼**闕所**　犯罪人の不動産を差し押さえること。

●──調子武冬売券案　一四三五(永享七)年十二月十五日(『調子家文書』)。調子武冬が先祖相伝の田地を本銭返しで売却するとした契約状。一〇年後、今回借用した一〇貫文(本銭)を返却すれば田地はもとにもどる。

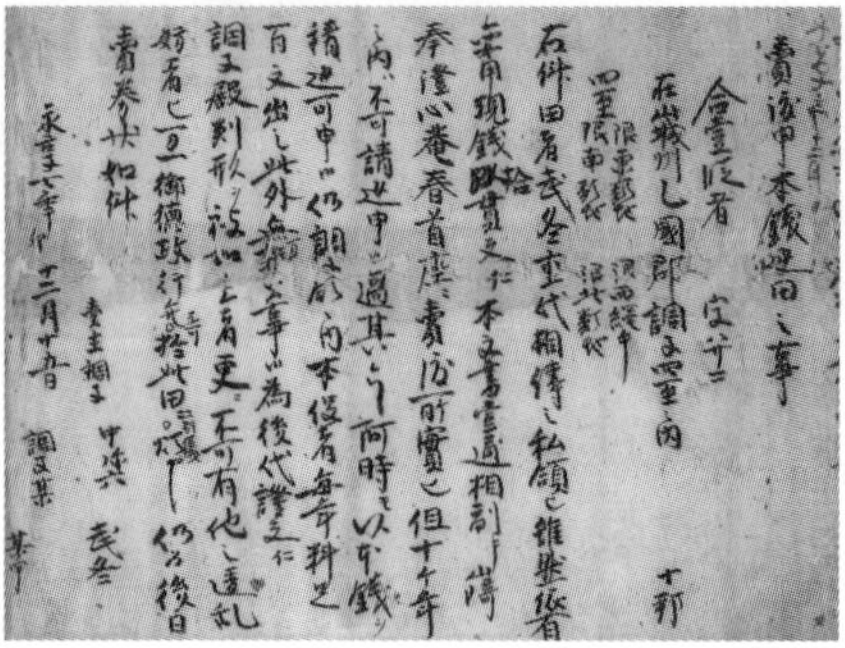

▼調子家文書　近衛《このえ》家随身《ずいしん》であった官人・調子家の文書。調子氏は調子村(長岡京市)の土豪。

は、伊勢氏被官としてのみずからを百姓たちから峻別しようとするものである。西岡の土豪のなかでもトップクラスの地位にあった革嶋氏は、徐々に村落(共同体)から離れつつあったのであろう。こうした革嶋氏と革嶋村の関係は、寒川氏と上久世村のあり方とは異なる様相を示しているといえるだろう。

土一揆・徳政一揆は、村落内部の身分・階層差や村落間の較差を明確にするだけでなく、村と町の違いもきわだたせた。

大山崎は最初、土一揆の発生源の一つとしてあらわれる。一四六九(文明《ぶんめい》元)年、「にしの岡」・淀・宇治《うじ》などとならび山崎の土一揆が下京《しもぎょう》に集まって、徳政の鐘を鳴らしたという(『応仁略記』)。一四七二(文明四)年には、幕府は大山崎神人中に対し、一揆の張本人《ちょうほんにん》や与力の摘発を命じている(『離宮八幡宮文書』)。ところが、一四八〇(文明十二)年には、「宇治・山崎」が土一揆によって攻められるとの風聞が伝えられている(『大乗院日記目録』)。

実際、一四三〇年代には、調子《ちょうし》氏(調子村、長岡京市)が山崎澄心庵《ちょうしんあん》から借銭していることが知られている(『調子家文書』▲、上写真)。大山崎の西側にある水無瀬荘の年貢を「かた」に、山崎の俗人・寺庵より借銭した水無瀬家が一四八一

（文明十三）年、その免除を幕府に申請した（『政所《まんどころ》賦《くばり》銘引付《めいひきつけ》』・『賦引付』一）。同年には、西岡の善峰寺《よしみねでら》蓮花《れんげ》寿院《じゅいん》が山崎信善谷《しんぜんたに》西坊から借銭していることも確認できる（『賦引付』一）。大山崎の聖俗の土倉が活動を活発化させたことが、土一揆の発生源から攻撃対象へと、大山崎の性格を一八〇度変化させたのであろう。

　大山崎はこうしてより「純粋な」町になった。と同時に、大山崎と西岡とのつながりもこのころから明確になってくるのである。

用水相論と中脈の村々

暦応《れきおう》年間（一三三八〜四二）、上久世・河嶋・寺戸の三カ郷（村）は、共同で利用している今井用水をめぐって「一身（味）同心▲」の誓いを立てた。この起請文には、上久世村の季継《すえつぐ》、河嶋村の安定《やすさだ》らが署判している（『革嶋家文書』、上写真）。「山城国御家人」である神足・革嶋氏らの有力土豪が史料上、ようやく姿をあらわすのとほぼ同じ時期のこうした文書が残されたということは、用水をめぐる連帯がいかに早熟であったかを示す。

　十五世紀になると、桂川から用水を引く西岡十一ヶ郷の連合が確認できる。

▼**一味同心**　神水《しんすい》をまわし飲みすることによって結びつきを強めること。

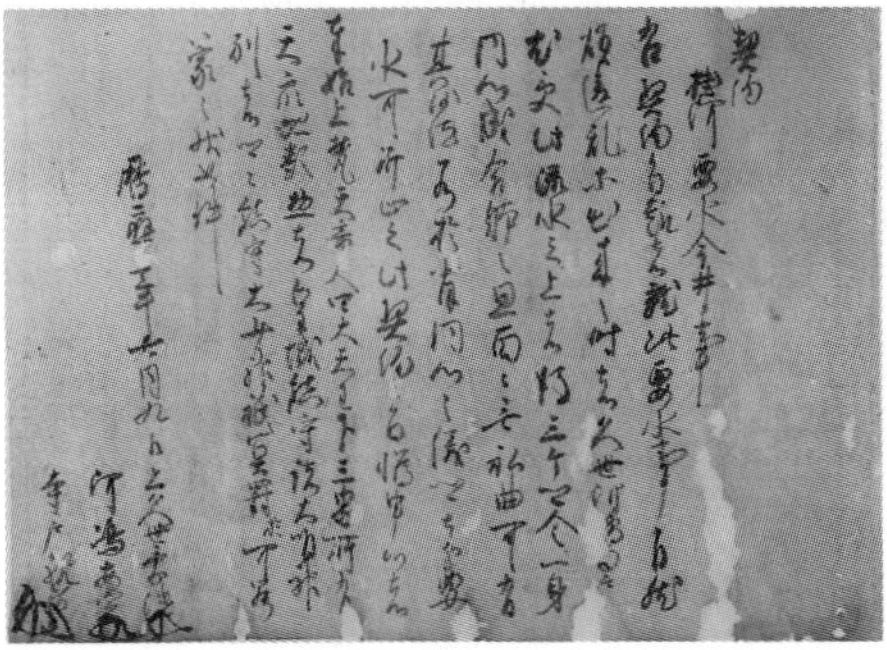

●——**上久世季継等連署桂川今井用水契約状**　一三三九〜四一年七月九日（『革嶋家文書』）。

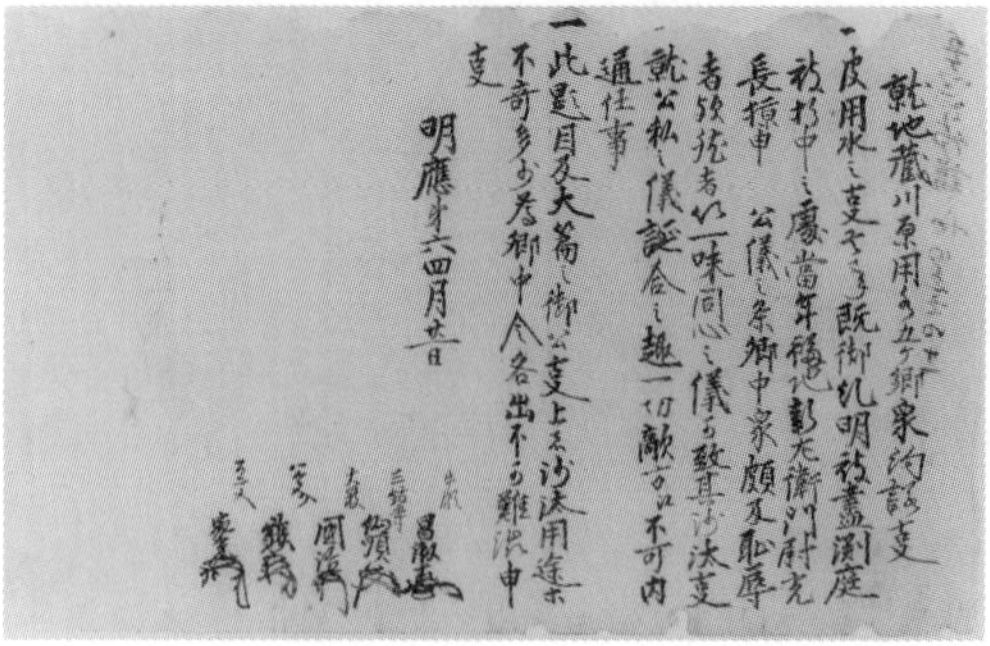

●——山城国西岡五ヶ郷連署契状
一四九七(明応六)年四月二十一日(『東寺百合文書』)。地蔵河原《じぞうがわら》用水を利用する上久世荘(村)の寒川家光らが西八条西荘の福地光長《ふくちみつなが》に対抗するため一味同心し、敵方に内通しないことを誓う。

十一ヶ郷は、今井《いまい》を引く上五ヶ郷(上久世・寺戸・下津林《しもつばやし》・河嶋・下桂)と高羽井《たかはねい》を引く下六ヶ郷(下桂〈重複〉・徳大寺《とくだいじ》・牛瀬《うしがせ》・大藪・下久世・築山《つきやま》〈三鈷寺〉)に分かれる(次ページ写真・図)。一四五八(長禄二)年以来、最初は十一ヶ郷、のちには上五ヶ郷が、桂川からの取水をめぐって、松尾社と相論《そうろん》を繰り広げた。この相論は一四八〇(文明十二)年まで続いたらしい。一方、上久世・下久世・大藪・築山・牛瀬の五ヶ郷は、地蔵河原用水を共同管理していたが、一四七八(文明十)年から一五〇三(文亀《ぶんき》三)年にかけて、桂川対岸の西八条西《にしはちじょうにし》荘と引水をめぐって対立した(上写真)。

幕府法廷を舞台に訴訟闘争を繰り広げるなかで、村々相互の連帯も高まった。また、何キロも離れた井堰で取水された用水に依存して水田経営を行わなければならないこれらの村々では、用水路維持のための住人間の共同は当然であり、このことは、村の住人間の社会階層の平準化に結果する。もちろん、先述した久世上・下荘のように、百姓のあいだには「侍分」と「地下分」の格差があった。また「侍分」のなかに公文代を勤める寒川氏のような土豪の存在も認められる。しかし、全体に占める「侍分」の割合の多さに示されているとおり、百姓全体の

●──桂川用水と西岡十一ヶ郷　山城国桂川用水差図案(右,『東寺百合文書』)と，解説図(下,『桂川用水と西岡の村々』向日市文化資料館，特別展図録より)。

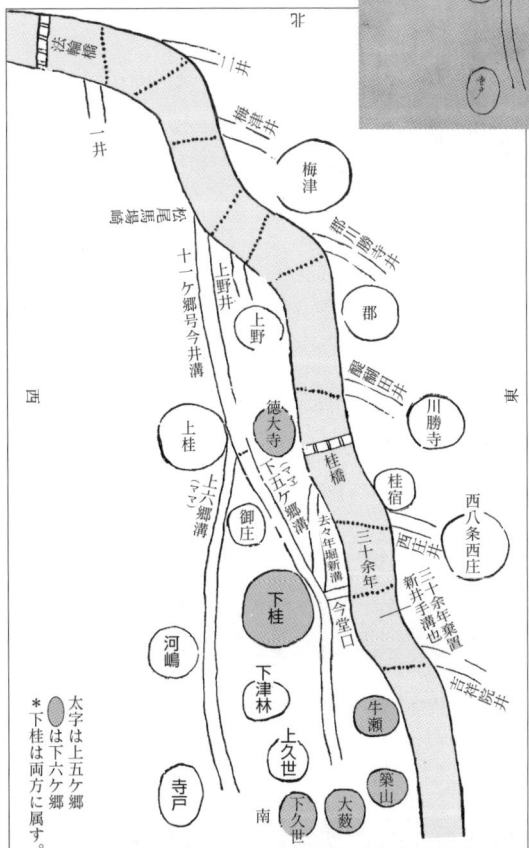

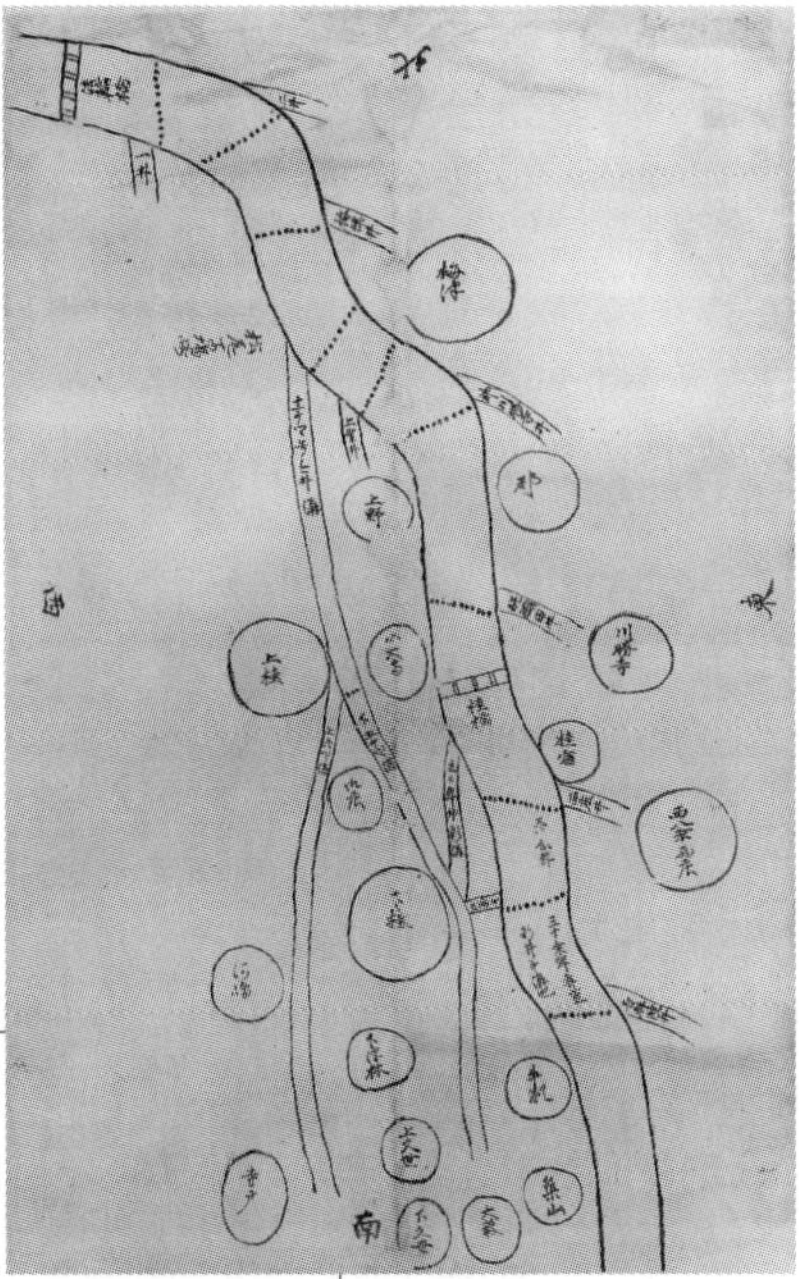

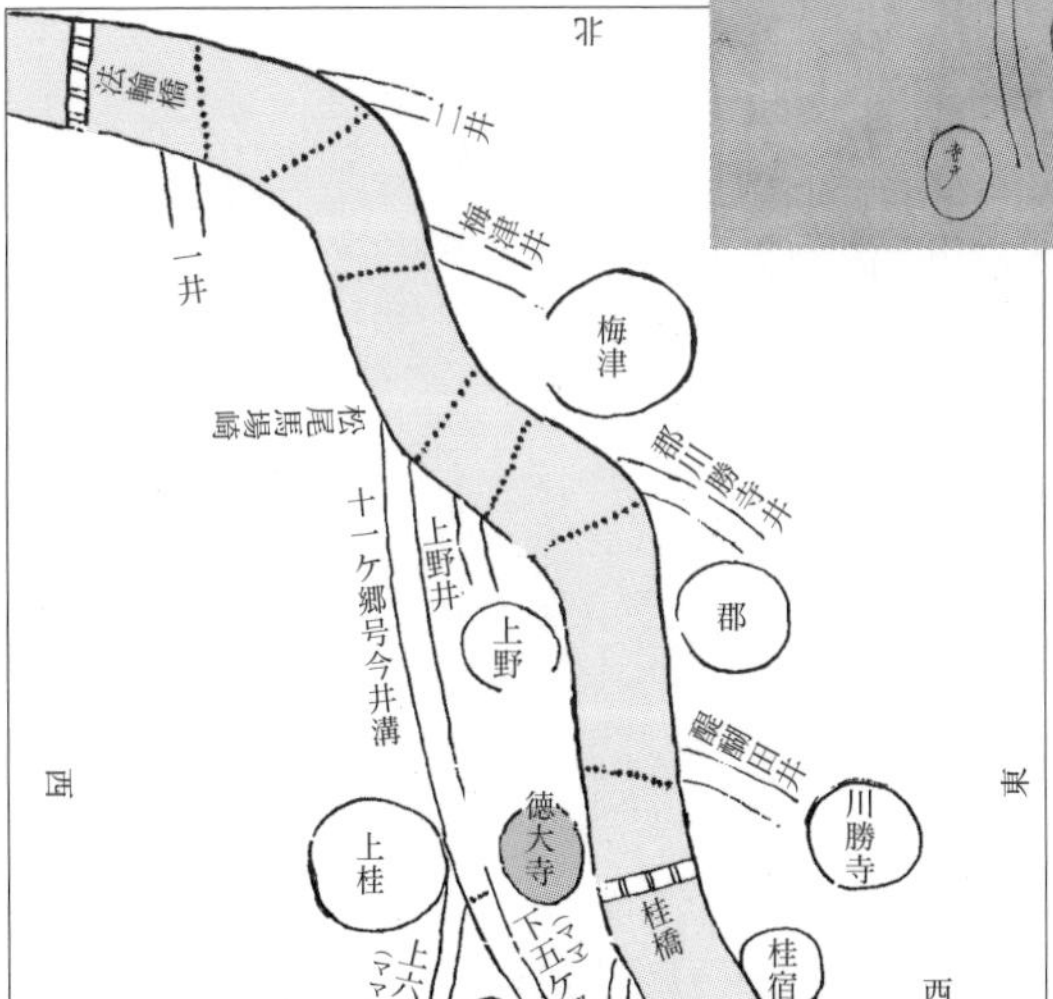

なかでの「侍分」、「侍分」のなかでの寒川氏の卓越性には限界がある。

こうしたなか、上五ヶ郷は、一四五八年ごろと六二(寛正三)年に、それぞれ革嶋二郎、革嶋勘解由左衛門《かげゆざえもん》(親宣《ちかのぶ》カ)に松尾社への仲介を依頼している。革嶋氏が仲介者になりえたのは、これらの村々から独立した存在であったからだけでなく、革嶋氏の社会的地位に要因があると考えたい。

さきに、土一揆参加者の摘発をめぐって、革嶋氏・革嶋村と寒川氏・上久世村のあいだに較差があることを想定した。ところで、これらの用水相論の時期は、後述するように、応仁・文明の乱▲から「御被官人中」の時代と重なっている。しかし、それらの関係史料に名前がみえる土豪はほとんどが中脈以外の者である。すなわち西岡のなかでも、桂川用水の灌漑を受ける中脈の村々と狭義の西岡の村々のあいだには村落構造に違いがあり、前者が比較的平準な社会を実現していたのに対し、後者の多くでは村内に卓越した土豪を生み出していったといえるだろう▲。

▼応仁・文明の乱　一四六七(文正二＝応仁元)年、幕府内部の勢力争いから発生した全国的内乱。一四八〇(文明十二)年までにほぼ終結。

▼二種類の土豪　革嶋・物集女氏ら有力土豪を「国衆《くにしゅう》」、上久世村の寒川氏や下久世村の久世氏らを「侍衆」などと二分する見解がある。彼らが地域社会(西岡)のなかで発揮する力量に違いがあったことはまちがいないが、村落内における権能(リーダー、領主)に本質的な差異はない。力量の違いはそれぞれが基盤とする村落構造の相違から生じる。久世上・下荘(村)については、荘園領主である東寺の文書によって土豪の行動や村落の様相が詳細に把握できるのに対し、他のほとんどの村では一般住民の動向は不明である。こうした史料の偏在が土豪イメージの極端な分化に影響をあたえている。

②—村・町の住人の力

軍事動員とその報償

一四六七（文正《ぶんしょう》二＝応仁《おうにん》元）年に始まった応仁・文明《ぶんめい》の乱《らん》は西岡《にしのおか》にも大きな影響をおよぼした。同年六月、西軍の畠山義就《はたけやまよしなり》▲軍を迎撃するため幕府《ばくふ》（東軍）は、「西岡・中脈地頭御家人中《なかすじじとうごけにんちゅう》」に街道の封鎖を指示した。これを受けて土豪《どごう》たちの多くが、久我縄手《こがなわて》や物集女《もずめ》縄手で義就軍を迎撃した（『東寺百合文書《とうじひゃくごうもんじょ》』など、次ページ写真）。

その後、東軍には、神足《こうたり》（神足村）、高橋（奥海印寺村《おくかいいんじ》）、寒川《さむかわ》（上久世《かみくぜ》村）、石原《いしはら》（石原村）、野田《のだ》（寺戸《てらど》村）、秋田（上植野《かみうえの》村）氏など、西軍には、鶏冠井《かいで》（鶏冠井村）、物部《もののべ》（上里《かみざと》村）、小野《おの》（石見《いわみ》村）、井内《いのうち》（井内村）氏などが属した（「野田泰忠軍忠状《のだやすただぐんちゅうじょう》」など）。西岡の有力土豪の多くは、将軍方（東軍、細川勝元《ほそかわかつもと》方）に立ったが、西岡全体としては勝龍寺《しょうりゅうじ》（長岡京市）をおさえた畠山義就方（西軍、山名宗全《やまなそうぜん》方）が有利であった。

この応仁・文明の乱に際し、西岡の土豪は東西両軍から半済《はんぜい》あるいは兵粮米《ひょうろうまい》▲

▼**畠山義就**　一四三七〜九〇年。河内《かわち》国守護。一族の政長《まさなが》との争いが応仁・文明の乱の直接の引き金となった。

▼**兵粮米**（銭）　出兵した味方軍勢の兵粮を補うために徴収される米（銭）。なお、半済・兵粮米ともに、給付されるのは土豪個人であり、村が取得するわけではない。

●室町幕府奉行人連署奉書案　一四六七年六月十三日（『東寺百合文書』）。

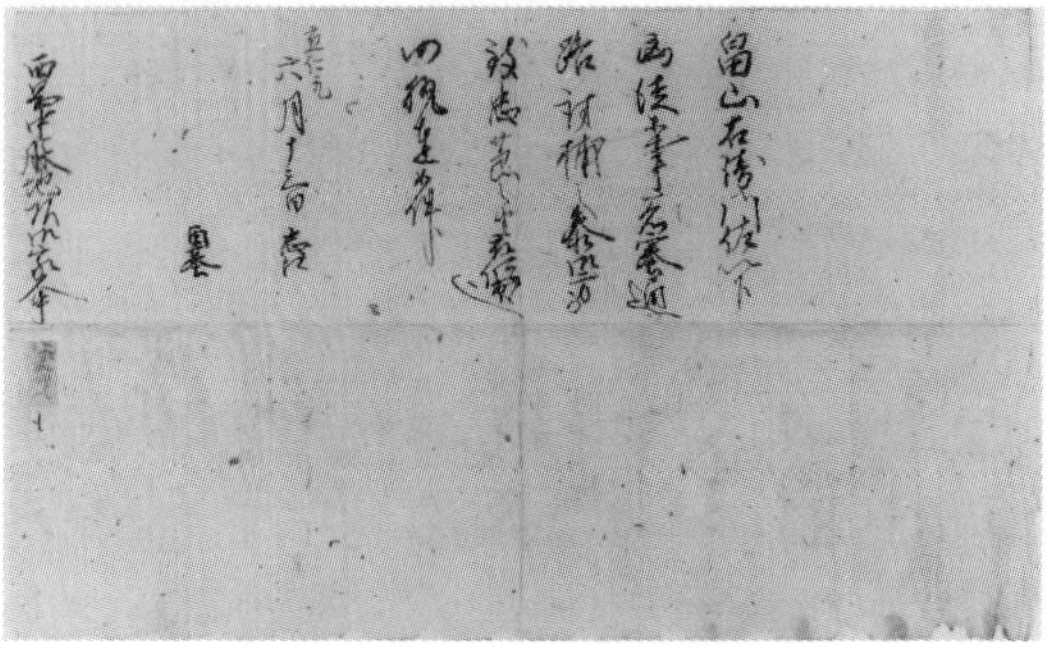

▼**配符**　荘園ごとに支払うべき半済の額を記した文書。

▼**足軽**　「一人前」の武士（侍）とは認められない武装戦闘者

の給付などの形で、荘園領主《しょうえんりょうしゅ》に支払うべき年貢の一部を取得する権利をえていく。その最初は、一四六七年八月で、幕府は「中脈地頭御家人中」に対して、「西岡・中脈所々散在寺社本所《ほんじょ》領半済分」を細川勝元に付与したので、軍功をあげたならば恩賞《おんしょう》としてこの半済分をあたえると約束している。同じころ、西軍方も兵粮米を西岡の村々に賦課しようとしていた（『東寺百合文書』）。

西岡の土豪の多くが東軍方に味方したこともあり、この年は東軍方の半済徴収のみが実行された。ここで興味深いのは、「西岡面々中《めんめんちゅう》」が「衆中《しゅうちゅう》」と呼ばれる代表機関をもち、その「衆中」が各荘郷に対して配符《はいふ》▲をとどける能力をもつ組織としてあらわれている点である。土豪たちは、徳政一揆《とくせいいっき》や用水相論《そうろん》などを契機として、このときまでには西岡レベルで地縁的つながりをもっていたのである。

一四六八（応仁二）年になると、西岡をめぐる戦闘で東軍方が敗れたため、西軍方の半済が味方した土豪らにあたえられた。翌一四六九（応仁三＝文明元）年になると、西岡は西軍が完全に制圧し、東軍に属した土豪の多くは他国に没落していった。そこで西軍は「西岡之足軽《あしがる》▲」に「西岡諸本所四分一」を給付しようとした（『東寺百合文書』）。西軍は、土豪が去った村々に残る百姓たちを「足軽」と

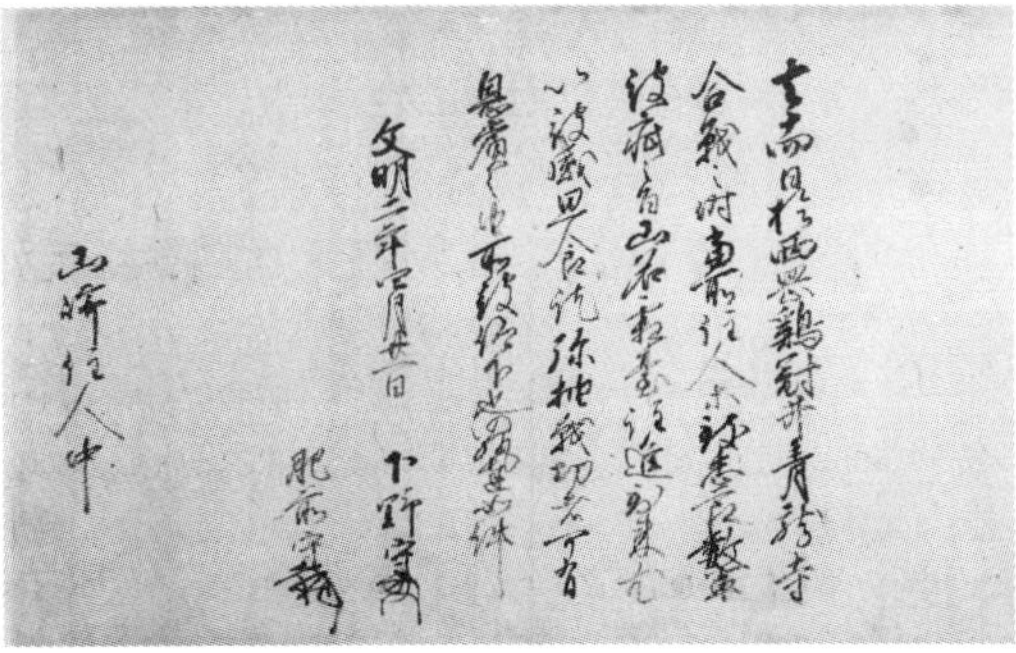

▼大山崎住人の軍事動員　井上治部丞《じぶのじょう》、井尻左衛門太郎《いじりさえもんたろう》が東軍方として活躍したという記事が『応仁別記』にある。

●——室町幕府奉行人連署奉書　一四七〇年四月二十一日（『離宮八幡宮文書』）。

して軍事編成しようとしていたのである。

こうして土豪たちは戦闘に参加した報償として半済をえるようになる。半済とは本来、荘園からおさめられる年貢などの半分を兵粮料とし、守護方の「公的な」軍勢に給与したものである。西岡の土豪たちはこの半済を給付されることで、経済的なメリットだけでなく、公的な地位を獲得したと考えられる。

さらに、一四六九年、土豪不在の西岡で、村々の百姓たちが「足軽」に編成され、「四分一」済《ぜい》を給付されようとしたことは、土豪とは別に百姓だけで独自の軍事力を発揮できたことを示す。土一揆の主体が、武家権力の規制を受ける土豪たちではなく、百姓たちであったことを暗示している。

室町時代、大山崎《おおやまざき》の住人たちも、軍事動員を受けるようになる。早くも一三九一（明徳《めいとく》二）年、幕府は南朝《なんちょう》軍の上洛を防ぐため、「山崎神人《じにん》・地《じ》下人《げにん》」に対し、「近所・近郷」の住人たちを動員し、路次をふさぐように命じた（『離宮八幡宮《りきゅうはちまんぐう》文書』）。応仁・文明の乱の際には、大山崎は東軍の陣取りを受け、天王山《てんのうざん》に位置する鳥取尾《とっとりお》城が東軍方の拠点となったため西軍方の攻撃を受けたが、住人たちはその撃退に寄与している。▲ また一四七〇（文明二）年には、鶏冠

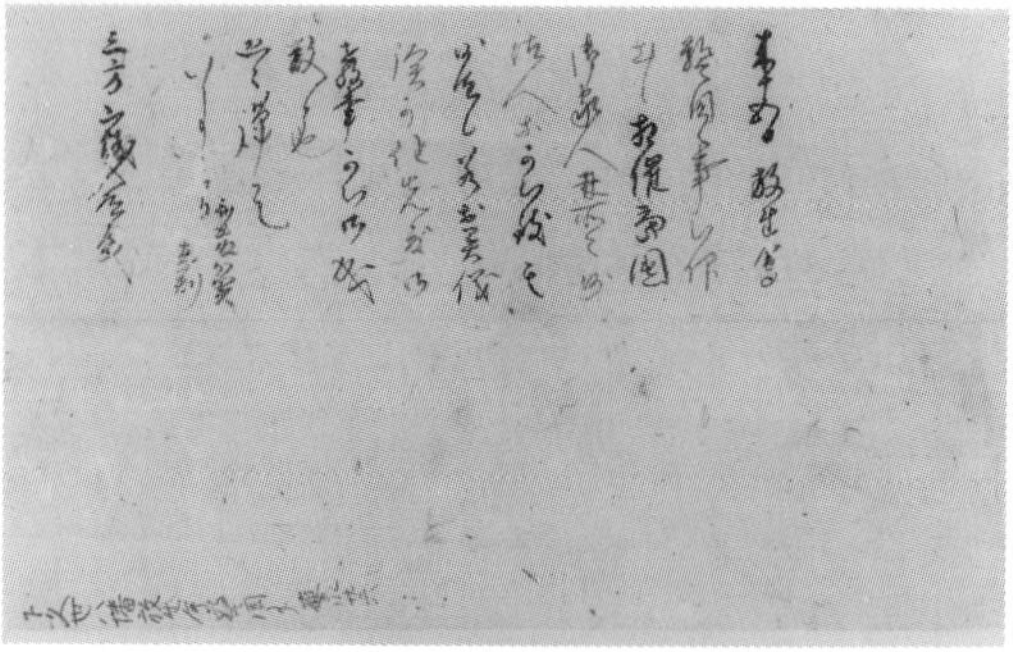

●——室町幕府奉行人奉書案　一四一九（応永二十六）年八月（『東寺百合文書』）。将軍の石清水《いわしみず》八幡宮参拝にあたり「当国御家人幷所々沙汰人《さたにん》等」が動員されている。十五世紀の西岡の土豪が「御家人」と「沙汰人」に身分区別されていたことがわかる。

井・勝龍寺にまで出兵している（『離宮八幡宮文書』、前ページ写真）。ただし、大山崎の場合は、軍事動員への報償は半済ではなく、幕府から一時的に紀伊《きい》国などに兵粮料所を給与されている（『離宮八幡宮文書』）。

「御家人」から「御被官人」へ

南北朝《なんぼくちょう》時代以降、西岡の土豪の幾人かは「御家人《ごけにん》」という社会的身分を保持していた（上写真）。応仁・文明の乱初期においても、「西岡・中脈地頭御家人中」がみえるが、「御家人」はこの一四六七（応仁元）年の例を最後とする。

表（二八〜二九ページ）は、西岡地域の土豪の集団とその代表者の事例を集めたものである。応仁・文明の乱をへた一四八六（文明十八）年以降、土豪たちは「西岡・中脈御被官人中」として史料にあらわれるようになっていく。

では、「御被官人中」とはどのような集団であろうか。

中世において被官とは一般に武家《ぶけ》や寺社・公家《くげ》の家臣《かしん》・奉公人をさし、「御」がつくことによって貴人の被官を意味する。十五世紀の西岡には、細川氏をはじめ、トップクラスの武家の被官が存在しており、実際、伊勢《いせ》氏の被官人のグループは「御拔(被)官中」と呼ばれた（『親元日記《ちかもとにっき》』）。また神足友春《ともはる》は自分のことを九《く》条《じょう》家の「御ひくわん(被官)」と称している（『九条家文書』）。しかし、「御家人中」と「御被官人中」の継続関係よりみれば、ここでいう「御被官人」とは、室町将軍の被官をさし、その集団が「御被官人中」であることは明らかであろう。

ところで、応仁・文明の乱後、山城《やましろ》国が細川京兆家《けいちょうけ》▲の事実上の領国化していく過程で、西岡の土豪たちも一元的に京兆家の被官になっていくとされている。「西岡・中脈御被官人中」に命令を伝える文書のほとんどが、京兆家奉行人《ぶぎょうにん》奉書《ほうしょ》▲であるのはこうした事情によるのであり、実際、当該期において、「御被官人」と京兆家「被官人」を混同している例もみられる（『東寺百合文書』）。

だが、細川京兆家の勢力下にある土豪のなかには、京兆の直接の被官もいれば、京兆の家臣である薬師寺《やくしじ》氏や香西《こうさい》氏の「与力《よりき》」▲となっている者もおり（『東寺百合文書』など）、厳密には京兆家「被官人」という範疇ではくくることができない。また、一五〇〇（明応《めいおう》九）年、沢蔵軒宗益《たくぞうけんそうえき》▲（赤沢朝経《あかざわともつね》）が東寺《とうじ》領からの半済徴収をやめ、年貢などを支払うように命じた文書の宛先には「当方御被官中」とある（『東寺百合文書』）。「御」をつけていることから、自分の被官ではなく、自分の

▼**細川京兆家**　代々、幕府管領《かんれい》を勤めた細川本家の当主は「右京大夫《うきょうのだいぶ》」という官職に就いた。右京大夫は京職《きょうしき》という役所の役人であるが、この京職の唐名《とうめい》（中国名）が「京兆」であることから、本家のことを細川京兆家という。

▼**京兆家奉行人奉書**　細川京兆家当主の意志を伝えるもっともポピュラーな文書。十五世紀末から十六世紀前半、西岡に数多くだされた。

▼**与力**　同じ主君をもつ武士同士が結ぶ関係。主従関係ではなく、軍事・普請《ふしん》などの場面で、上位の者に、下位の者（「与力」）が力を「与《あず》ける」ことになる。

▼**沢蔵軒宗益**　?〜一五〇七年。細川政元の被官として畿内《きない》・近国で活動。山城国でも荘園押領《おうりょう》を繰り返した。

明応8.9.23(1499)	中脈御被官人中			細川政元奉行人奉書『東寺百合文書』
明応8.10.14(1499)	西岡・中脈被官中(被官人等)		久世上・下庄,植松・上野・拝師・女御田・院町・柳原など	幕府奉行人奉書『東寺百合文書』
明応8.10.25(1499)	西方(岡ヵ)中脈被官人中		久世上・下庄	幕府奉行人奉書『東寺百合文書』
明応9.6.1(1500)	当方御被官中		久世上・下庄,上野・植松・拝師・女御田・院町・柳原など	沢蔵軒宗益(赤沢朝経)奉書『東寺百合文書』
年未詳.6.9(1500前後?)	西岡衆	両三人		細川政元(ないし高国)奉行人奉書『離宮八幡宮文書』
文亀2.11.3(1502)	(国)	神足備前守 中少路遠江守 野田上野介	小塩庄	某書状『久我家文書』
永正5.8.26(1508)	西岡御被官人中		東久世	細川高国奉行人奉書『久我家文書』
永正5.8.26(1508)	西岡中脈御被官人中		東久世	細川高国奉行人奉書『久我家文書』
永正5.10.3(1508)		物集女 高橋与一 神足宮千代	灰方	幕府奉行人奉書『善峰寺文書』
大永8.7.8(1528)		神足 高橋 物集女		柳本治頼等書状『高山寺文書』
天文2.10.16(1533)	西岡諸侍中		葛野郡所々	幕府奉行人奉書『革嶋家文書』
天文6.9.3(1537)	西岡諸侍中		葛野郡革嶋庄内	幕府奉行人奉書『革嶋家文書』
天文19.5.14(1550)		高橋与次郎頼俊 神足代治家 竹田左京進仲広 能勢孫太郎頼親 石原惣左衛門綱貞 八田勘解由左衛門尉俊兼 竹田弥七仲次 志水蔵人助吉種 竹田藤五郎感仲 能勢次郎兵衛尉頼次 石原孫五郎延助 小野彦二郎家盛 竹田肥後守長泰 野田代秀成		野田代秀成等連署書状『増野春氏所蔵文書』
天文23.5.18(1554)	国之面々	野田左馬頭光政 八田蔵人兼政 調子式部丞武吉	今里・上植野	野田光政等連署書状『今里村文書』

●──御被官人中等宛文書

マル数字は閏月を示す。

年　月　日	集　団　名	代表者名	対　象　地	文　書　名
文正元.12.12 (1466)	西岡御被官中		東久世	守護山名是豊奉行人奉書『久我家文書』
応仁元. 6.13 (1467)	西岡・中脈地頭御家人中			幕府奉行人奉書『東寺百合文書』
応仁元. 8.27 (1467)	中脈地頭御家人中			幕府奉行人奉書『東寺百合文書』
応仁元.10.26 (1467)	西岡面々中		上野庄・拝師・東西九条・植松庄	幕府奉行人奉書『東寺百合文書』
応仁元.10.26 (1467)	西岡面々中		久世上・下庄	幕府奉行人奉書『東寺百合文書』
応仁2. 3. 4 (1468)	(西岡面々中)	神足孫左衛門尉 高橋勘解由左衛門尉 寒河越中入道 石原弾正左衛門尉	上野庄・拝師・東西九条・植松庄	細川勝元奉行人奉書『東寺百合文書』
文明18.10. 9 (1486)	西岡・中脈御被官人中	神足孫左衛門尉 野田弾正忠 高橋勘解由左衛門尉	東久世	細川政元奉行人奉書『久我家文書』
文明18.10.21 (1486)	西岡御被官人中 中脈御被官人中 横大路御被官人中		東久世	細川政元奉行人奉書『久我家文書』
文明18.10.21 (1486)	上山城御被官人中		東久世	細川政元奉行人奉書『久我家文書』
長享元.⑪. 3 (1487)	(国)	小野太郎左衛門尉景行 鶏冠井八郎次郎雅盛 竹田掃部左衛門尉仲重 物集女四郎右衛門尉光重 平孫右衛門尉康弘 神足孫左衛門尉友善	上久世	神足友善等連署書状『東寺百合文書』
明応2. 5. 6 (1493)	西岡御被官中 中脈御被官人中		東久世	上原元秀書状『久我家文書』
明応4. 5.18 (1495)		神足	高畠庄	幕府奉行人奉書『尊経閣文庫文書』
年未詳. 4.15 (1495〜98?)		神足孫左衛門尉 高橋与三 物集女四郎右衛門尉	牛瀬村	薬師寺元長折紙『東寺百合文書』
明応6. 5.14 (1497)	中脈被官人中		西岡五ヶ荘(上久世・下久世・牛瀬・大藪・三鈷寺)	細川政元奉行人奉書『東寺百合文書』
明応7. 2. 1 (1498)	乙訓郡内国人中 郡内名主百姓中			細川政元奉行人奉書『東寺百合文書』
明応7.11. 1 (1498)	乙訓郡内国人中			細川政元奉行人奉書『東寺百合文書』
明応7.12.11 (1498)	(国の「惣中」) (国の「年老衆」)	神足備前守友春 物集女四郎右衛門光重 野田上野介泰忠	久世上・下庄	神足友春等連署書状『東寺百合文書』

●——薬師寺元長折紙案　一四九五年ごろ(『東寺百合文書』)。福地《ふくち》氏の違乱を排除し、牛瀬《うしがせ》村に桂地《かつらじ》蔵河原《ぞうがわら》用水の引水を認めたので、元長《もとなが》の与力衆と相談しながら牛瀬村に合力するように命じている。

支配領域にいる「御被官」を対象としたものということになる。だとすれば、「御被官(人)中」とは、特定の武家の被官というより、一種の身分集団であると考えることができる。

すなわち、「御被官人」とは、本質的には将軍の「御被官」であるが、実態は土豪たちの社会的身分を示す標識だったのである。これは、一般的な被官とは違い、土豪が将軍との関係でみずからの卓越性を強調する、西岡固有の「記号」であるといえよう。

「御被官」は、「御家人」よりはば広い階層の土豪を含み、「御被官人中」という社会集団をつくり、その権能を発揮した。たとえば、御被官人中は、地域社会の治安維持の権能を認められ、その力を発揮するように権力から要求されている。

山城国東久世《ひがしくぜ》庄の事、安堵の公方奉書《くぼうほうしょ》をなさるるにより、久我殿御代官《ごだいかん》として入部のところ、増位違乱の条、はなはだしかるべからず、所詮、御被官人中として、久我殿御代官に合力せらるべきのよし候なり、よって執達《しったつ》くだんのごとし、

文明十八（一四八六年）
十月九日
西岡・中脈御被官□（人中カ）
家兼（飯尾）（花押）
『久我家文書』

奉者の飯尾《いいお》家兼《いえかね》は細川政元《まさもと》▲の奉行人であり、政元が、東久世荘（築山《つきやま》村）に対する増位某の介入を排し、荘園領主久我家の領知を保障するため、西岡・中脈御被官人中に対して合力を命じたことになる。

一四九三（明応二）年には、東久世荘代官に任じられた上原元秀《うえはらもとひで》▲が、「自然の儀、存知あるべく候」（万一のことがあれば、よろしく頼む）と西岡御被官中・中脈御被官人中に伝えている（『久我家文書』）。御被官人中の支持・後援がなければ、東久世荘の支配を安定させることができなかったのであろう。

ところで、さきにあげた一四八六年の西岡・中脈御被官人中宛文書と、日付も内容もまったく同じ文書が、神足孫左衛門尉・野田弾正忠《だんじょうのちゅう》・高橋勘解由《かげゆ》左▲衛門尉に宛ててだされていることから、彼らが西岡・中脈御被官人中の代表者であることがわかる。表（二八～二九ページ）にみえるように、十五世紀に限っても、三人ないし四人の土豪が代表者になっているとみられる例はほかにも多

▼**細川政元**　一四六六～一五〇七年。細川京兆家当主。山城国の事実上の領国化を進める。澄元《すみもと》・澄之《すみゆき》の二人の養子をめぐって家臣《かしん》団《だん》が分裂し、後継者争いのなかで暗殺された。

▼**上原元秀**　?～一四九三年。細川政元の被官として権勢をふるう。多くの荘園を押領したことで有名。

▼**高橋氏**　奥海印寺の土豪。御被官人中（ならびに後述の「国」）の代表としての連名文書以外にはほとんどあらわれない。神足・物集女・野田などに比べると一ランク下の土豪と考えられるが、なぜ連名に加わることができたのかは不明である。

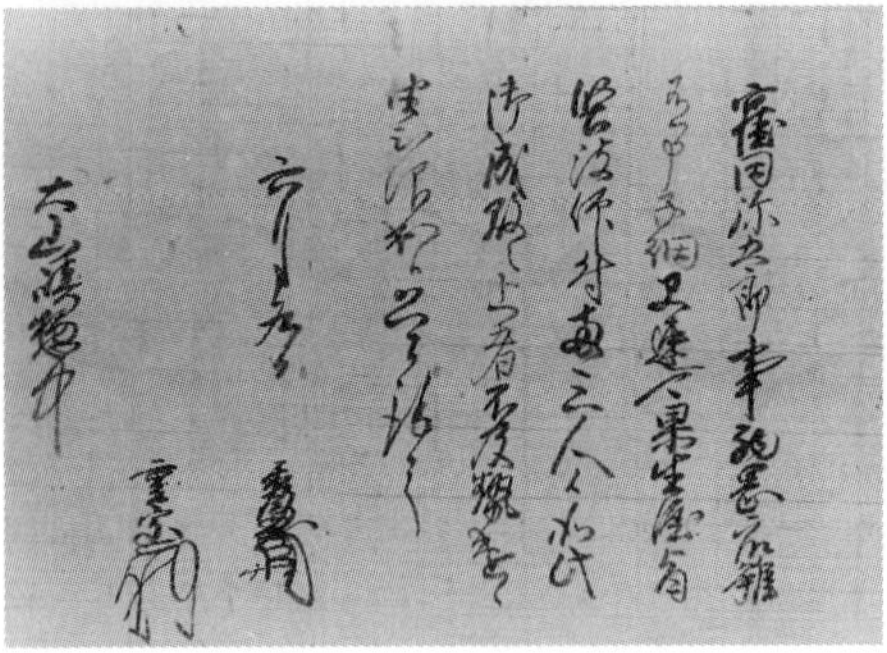

●―飯尾秀兼・安倍重宗連署書状　年未詳六月九日（『離宮八幡宮文書』）。飯尾秀兼・安倍重宗は細川政元・同高国の奉行人。文面上は「西岡衆」とあるが、「両三人」に対して発給されていることから、実態として「御被官人中」が命令を受けたと考えられる。

い。一四六八（応仁二）年は、神足・高橋・寒川・石原、九五（明応四）年ごろは、神足・高橋・物集女であった（三〇ページ写真）。神足・高橋両氏が固定的メンバーで、それに一人ないし二人加わるのが常例であったことになる。

　御被官人中の組織は、土豪同士の一揆的な結合としての側面も強かった。少し時期はさがるが（一五〇〇年すぎと思われる）、窪田弥五郎《くぼたやごろう》の処分をめぐって、西岡衆と大山崎惣中が対立した事件があった。弥五郎と争った大山崎の住人が死亡したため、「相当」を果たそうとして、大山崎惣中は弥五郎への「勢遣い」（武力攻撃）を準備したらしい。これに対して西岡衆は弥五郎を保護する姿勢を示し、両者の武力衝突が懸念される事態となった。そこで細川京兆（政元か高国《たかくに》）が乗りだし、弥五郎を「生涯」（生害、死刑）するように「両三人」（御被官人中の代表）に命じることで事態の沈静化をはかっている（『離宮八幡宮文書』、上写真）。

　こうして、将軍との結びつきによって「御被官人」という社会的身分を獲得した西岡の土豪たちは、西岡・中脈という領域を単位に結集し、その集団は一揆的な結合原理を有するようになった。

③―「国」と「所」の誕生

「惣国大儀」と「国の寄合」

山城国《やましろ》における国一揆《くにいっき》▲といえば、普通、一四八五（文明《ぶんめい》十七）年に起こった、南山城（相楽郡《そうらく》など）でのそれを思い起こす。しかし、西岡《にしのおか》でも十五世紀末以降、住人の自治的な結集がみられ、彼らはみずからのことを「国」と名乗った。

「国衆《くにしゅう》」の初見は、一四七三（文明五）年である。下久世荘《しもくぜのしょう》が前年度分として半《はん》済《ぜい》を「紀伊《きい》国衆」（山城国紀伊郡の国衆）に支払っている（『東寺百合文書《とうじひゃくごうもんじょ》』）。これは、応仁《おうにん》・文明の乱に際し、西軍方に属した土豪《どごう》に下久世荘が拠出を強制されたものであろう。組織としての「国」が成立する以前から「国衆」の語が使用されていたことになる。▲

一四八七（長享元《ちょうきょう》）年、はじめて「国」が史料にあらわれる。前年（一四八六年）、細川政元《ほそかわまさもと》が、畠山義就《はたけやまよしなり》（旧西軍）に味方した土豪の所領を闕《けっ》所《しょ》処分にしようとしたのに対し、この年、国衆たちが政元に交渉して所職を安堵された。ところが、その際、細川方に高額の礼銭《れいせん》を支払わなければならなか

▼**山城国一揆**　一四八五（文明十七）年、南山城（久世・相楽・綴《つづ》喜《き》郡）の土豪らが宇治《うじ》平等院《びょうどういん》で集会を開き、国掟《くにおきて》を定めたり、半済を実施したりした。かつては民衆闘争として評価されたが、土豪のなかに細川政元被官が多くいたことから、近年は、幕政史のなかで論じられる場合が多い。一四九三（明応二）年、解体したとされるが、「国」としての結合は一定度、継続した。

▼**「国衆」呼称の起源**　土豪たちが半済を給付されることで公的な地位を獲得したことが「国衆」と呼ばれるきっかけになったと考えられる。

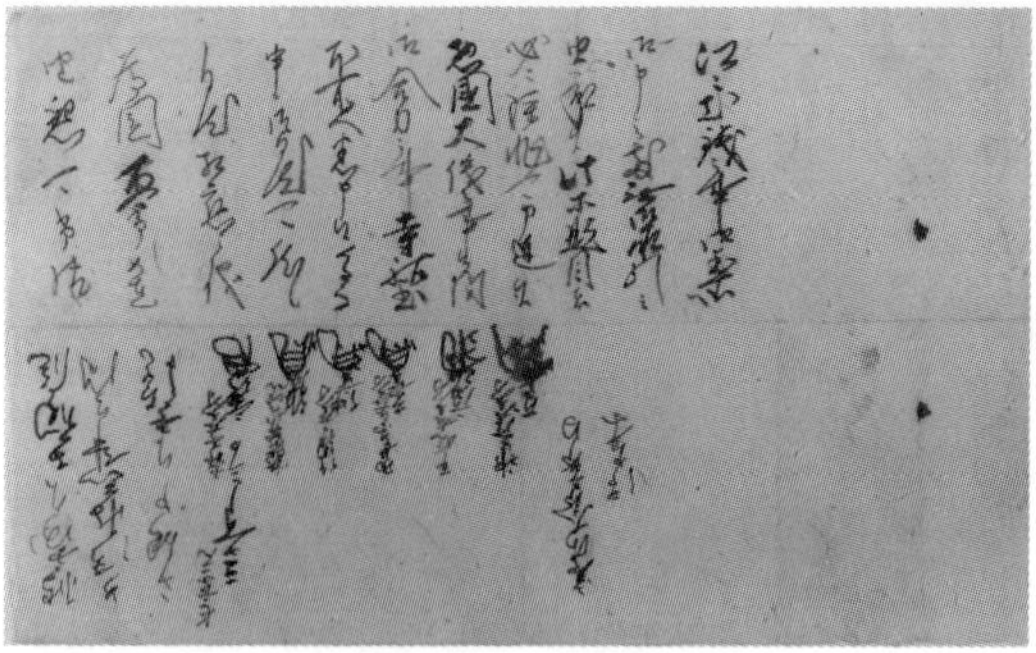

●——神足友善等連署書状　一四八七年閏十一月三日(『東寺百合文書』)。

▼香西元長　?〜一五〇七年。細川政元の被官。山城国守護代。

ったため、国衆たちはその費用を西岡の荘郷(荘園《しょうえん》村落)に賦課してきた(上写真)。

郷々出銭の事、御本所《ほんじょ》へ御申しのところ、御承引なきのよし承り候、これらの題目は、必ず〳〵申し達すべきにはあらず候といえども、惣国大儀の事候の間、御合力の事、寺社本所へいたりことごとく申し候、重ねて申し御沙汰しかるべく候、自然、相応の儀、国として如在あるべからずのよし、懇《ねんご》ろに御披露あるべく候、子細の段、御存知のごとき事に候の間、申すあたわず候、恐々謹言、

(異筆)「長享元」壬《うるう》十一月三日

小野太郎左衛門尉　景行(花押)
鶏冠井八郎次郎　雅盛(花押)
竹田掃部左衛門尉　仲重(花押)
物集女四郎右衛門尉　光重(花押)
平孫右衛門尉　康弘(花押)
神足孫左衛門尉　友善(花押)

寒河大郎三郎(家光)殿

御宿所
（『東寺百合文書』）

「郷々（村々）からの出銭に協力してほしいと、上久世荘公文寒川家光《くもんさむかわいえみつ》から御本所（東寺《とうじ》）に申したところ、東寺が拒否したという。こうした問題は、必ずしも御本所に依頼することではないが、『惣国大儀《そうこくたいぎ》』のことなので、『御合力《ごうりき》』（出銭）を寺社本所すべてに対してお願いしているところである。もしものときには、相応の働きを『国』としてすることはやぶさかではない」と述べている。

ここで署判しているメンバーのうち神足《こうたり》氏や物集女《もずめ》氏は細川京兆家《けいちょうけ》被官《ひかん》、鶏冠井《かいで》氏は伊勢家や畠山家被官としてあらわれる。個々の被官関係にともなう対立関係を超越して結集した組織として「国」が生まれたことがわかる。彼らは今回の礼銭の支払いについては「惣国大儀」なので、寺社本所に合力を要請するとしている。国衆の組織が「国」であるのに対し、寺社本所も含めた総称が「惣国」である。

ついで一四九八（明応《めいおう》七）年二月、香西元長《こうさいもとなが》▲が、寺社本所領などの年貢等の五分の一を知行《ちぎょう》し、人夫を召し使うと、乙訓《おとくに》郡の「郡内国人中《こくじんちゅう》」「郡内名主沙汰人《みょうしゅさたにん》

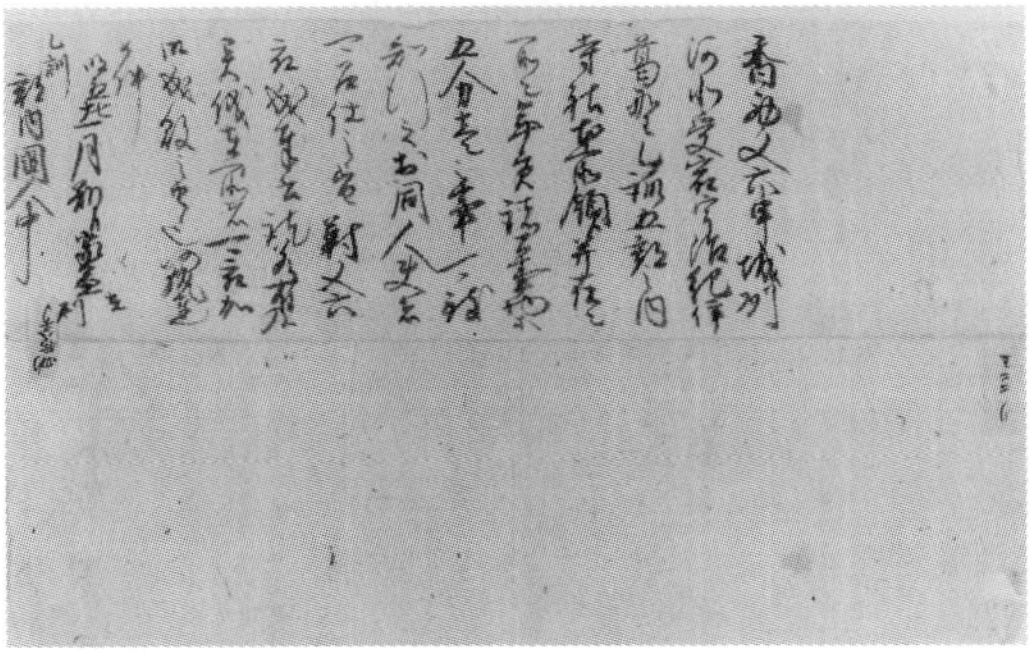

●—細川政元奉行人奉書案　一四九八年十一月一日（『東寺百合文書』）。乙訓・葛野郡などの寺社本所領などについて、年貢・諸公事物の五分の一を知行し、人夫を徴発することを香西又六《またろく》に許可したことを伝える。

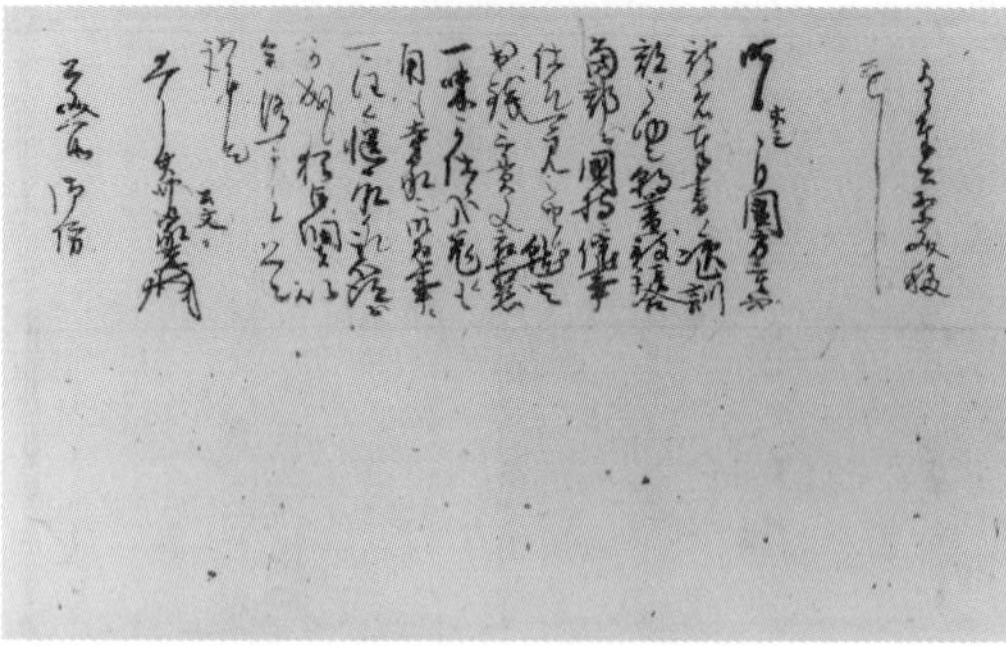

●—寒川家光書状　一四九八年十一月二十四日(『東寺百合文書』)。

中《ちゅう》」に伝えてきた(前ページ写真)。これに対して五月、国衆らが「国次《くになみ》」に上洛《じょうらく》し、元長に交渉したことで問題は解決したかにみえた。ところが、十一月になって、再度、元長が同様の権利を獲得したため、「乙訓郡之面々」は朝晩、談合し、乙訓郡を「国持ち」にできるよう礼銭を用意する方針を固めた(上写真)。

しかし十一月二十八日に向日宮《むこうのみや》で開かれた「国之寄合」によって国としての方針が変更され、元長への五分一済《ごぶんいちさい》の支払い免除に限って交渉し、「国持ち」はめざさないことになった。そして十二月一日に再度、鶏冠井在所に「国之衆」が参会した結果、この方針が実行されることになり、国からは各荘郷に対して、礼物の合力をするようにとの催促がなされた(次ページ写真)。

先日会合の折節、申すといえども、なおもって申し入れ候、当郡除《よ》けの事、以前、侘び事(言)をいたし候間、今に無為に候ところ、今度、五分一配符、在々所々に入れられ候につき、重ねて侘び言をいたし候、しからば当郡、同じく諸本所として、礼物用意いたすべく候、御拘方《おかかえかた》へこの由、よくよく仰せ届けらるべく候、御心得のため、惣中よりくわしく申すべきよしに候、御無沙汰しかるべからず候、京都の御返事により、やがて催促いたす

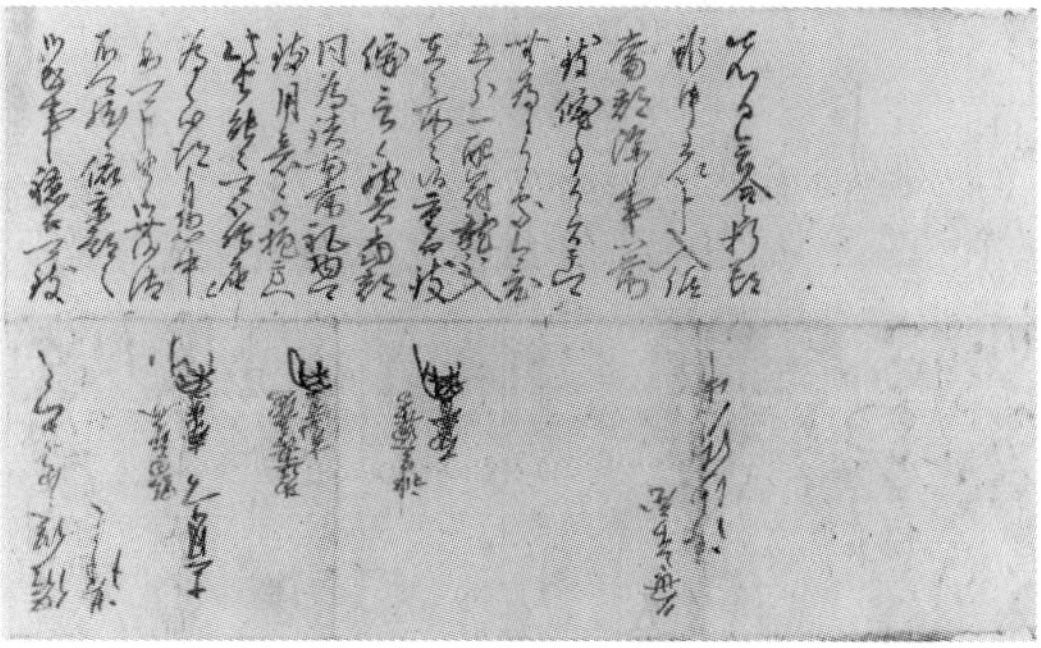
●—神足友春等国年老衆連署書状　一四九八年十二月十一日(『東寺百合文書』)。

べきの由候、恐々謹言、

(明応七年)十二月十一日

野田上野介　泰忠(花押)
物集女四郎右衛門　光重(花押)
神足備前守　友春(花押)

久世上・下庄
御沙汰人中

(『東寺百合文書』)

「先日の会合(十二月一日の鶏冠井在所での集会か)のとき申したが、もう一度、申し入れる。乙訓郡では五分一済を免除してもらうことについては以前、詫び言(礼銭を使っての免除交渉)をしたが、今回、また配符を各荘郷に配布してきたので、再度、詫び言する。よって、『当郡』と、当郡に所領をもつ諸本所として礼物を用意するべきであると、『御拘方』(荘園領主)にこの旨をよくよく伝えよ。お心得のため、惣中から詳しく申すようにというのが『国』の意志である」としている。

一四八七年とは違って、寺社本所が礼物をだすことが当然視されている。同

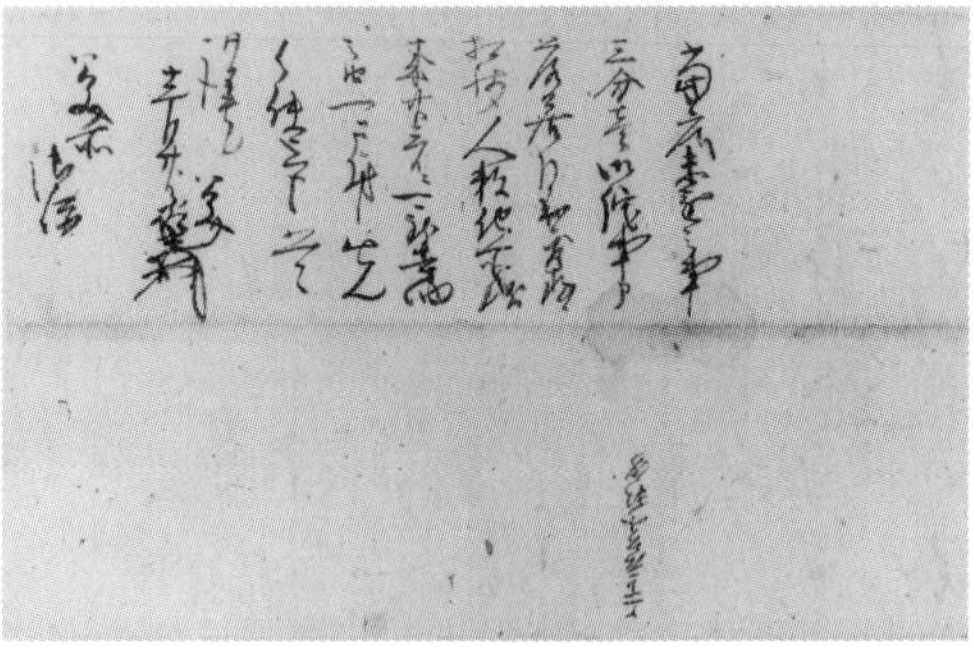

●上久世荘公文寒川家光書状　一四九八年十二月二十日(『東寺百合文書』)。

▼折紙　通常の横長の紙を上下半分におった用紙に書いた文書の文書形式。簡易な書式であるため、戦国期には公文書にも多用された。

月二十日の寒川家光(上久世荘公文)の書状によれば、国として礼銭を「押し置く」(差し押さえる)との「折紙▲」を国の「年老衆《としよりしゅう》」が送りつけてきたという。神足・物集女・野田《のだ》の三人が、「惣中《そうちゅう》」とか、国の「年老衆」と呼ばれていたことがわかる。そして、文面上、意志を決定しているのはあくまで「国」であり、「惣中」はその意志を奉じているにすぎないという姿勢をとっている(上写真)。

以上にみてきた、一四八七年、九八年の二度にわたる大規模な運動を通じて、国衆が結集した組織である「国」が地域の権益を守り、その意志には公的な権能をともなうという認識が確立した。一四九八年には、細川政元は最初から乙訓の「郡内国人中」宛に命令をだしている。これは一四八七年に結集した「国」の存在を前提としている。また一四九八年の場合、東寺は国衆の「連判《れんぱん》」による合力要請であるので出銭を拒否することはむずかしいと感じている。こうして「国」は幕府や荘園領主からも公的な組織として認知されていったのである。

ここで一つ注意しておきたいのは、しばしば使われる「乙訓惣国」という語についてである。先述したように、「惣国」とは、国衆や荘郷だけでなく、寺社本所も含めた総称である。▲それゆえ、国衆・百姓などの地域住人による運動をさ

▼「惣国」表現　前掲史料(三七ページ)では、「当郡、同じく諸本所として」という言葉が「惣国」を表現している。

す言葉としては適当ではない。

「乙訓」としての地域のまとまりは、一四九八年にのみあらわれるが、これは香西元長が郡を単位として五分一済を獲得したことに起因する。しかし、土豪たちはあくまで「国」の結合を基礎に行動している。中心になって行動しているのは「乙訓郡之面々」であり、礼物を用意しようとしたのも「当郡」の国衆たちであったが、彼らの「朝暮」の「談合」とは別に、正式決定の場として「国之寄合」がもたれている。そして「当郡を国持ちに侘びごと仕り候て見るべきのよし候」とあるように、国衆からなる「国」の組織が乙訓郡を管理しようとしたのである。

「乙訓惣国」というのは実態のない用語であり、西岡を領域として、国衆が結集した「国」の運動として一連の動きをとらえなければならない。

「御被官人中」から「国」へ

国衆の「国」と、「御被官人中」はどのような関係にあるのだろうか。

一四八七(長享元)年の「国」成立以降も、従来と同様、「御被官(人)中」が西岡地域内の秩序維持を命じられている。一四九九(明応八)年には、「西岡・中脈《なかすじ》被官中(被官人等)」が、赤沢朝経《あかざわともつね》配下として河内国《かわち》での合戦に出兵したことを理由に、細川政元の下知《げち》と号し、年貢を半済しようとして村々を譴責《けんせき》した(『久我家文書《こがけ》』『松尾大社文書《まつおたいしゃ》』など)。幕府や京兆家の意図を越えて土豪らが活動しはじめている。田中克行は、一五〇四(永正《えいしょう》元)年以降、「戦乱により軍事動員が行われ、その報酬を求めて半済運動が発生し、一方で戦乱による社会的混乱に伴って、徳政一揆が起こり徳政が要求される」としている。一四九九年の西岡の例はこれに数年先んじる。

ところで、田中は、半済運動や徳政《とくせい》一揆の主体を「郷民」とし、「農民闘争」としての性格を強調しようとしている。これに対して今谷明は、徳政一揆は戦乱に乗じて起こる、守護《しゅご》被官の経済的要求とし、彼らを戦場に駆りだす便法として幕府は徳政令をだした、と考えた。しかし、西岡についていえば、いずれの見解も不十分といわねばならない。この段階の土豪たちは、地域社会を主体的に運営する階層として半済運動にかかわる一方、被官として軍事動員を受けたり、「御被官人中」として地域の治安維持を命じられる存在であった。そうした複雑な性格を含みこむ彼らの組織が「国」だったのである。

事実、土豪たちが、武家被官としての立場を離れることは容易なことではなかった。一五〇二(文亀《ぶんき》二)年には、沢蔵軒宗益《たくぞうけんそうえき》(赤沢朝経)が神足友春《ともはる》・野田上《こう》野介《ずけのすけ》・中小路《なかこうじ》遠江守《とおとうみのかみ》に対し、小塩荘《おしおのしょう》▲を自分が領知することを存知するように伝えてきた。友春らは早速、この旨を小塩荘の領主である九条《くじょう》家に伝えている。九条家からは、小塩荘下司《げし》としての友春が九条家のことを大事に思うか、国衆としての友春と野田・中小路らが小塩荘を「国次に順ぜらる」かどうか、聞いている(『九条家文書』、上写真)。ここで、「国次に順」じるとは、上位権力(宗益)の意を受けて、その領知を存知(保障)することをさすだろう。

また一五〇四年、細川京兆家内部の跡目争い▲に端を発して、薬師寺元一《やくしじもとかず》が細川政元に対して反乱を起こすと、西岡の土豪の多くは元一に呼応して反政元派として挙兵した。蜂起した西岡衆は神足城、淀《よど》城などに籠城したが、神足友春の子息、中小路、物集女氏ら多くの国衆が戦死し、また各地へ没落した(『東寺過去帳』)。

しかし、一五〇八(永正五)年を最後に、史料上、「御被官人(中)」はその姿を消す。土豪の社会的身分は「国」との関係でのみ表現されるようになった。

▼**小塩荘**　ほぼ乙訓郡全域に広がる散在型荘園で、領主は九条家と随心院。中心は神足村・古市《ふるいち》村付近にあった。

▼**細川京兆家の家督争い**　政元の二人の養子のうち、澄元派には薬師寺元一・三好之長・赤沢朝経らが立ち、澄之派には香西元長・薬師寺長忠《ながただ》らがいた。

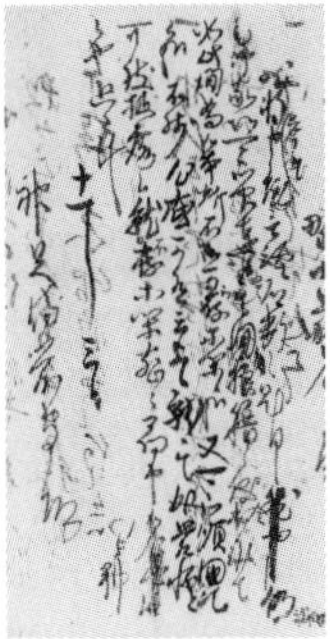

●―**某書状案**　一五〇二年十一月三日(『九条家文書』)。

御被官人中と同じく、「国」の代表者は三人であった。一四九八（明応七）年、神足・物集女・野田、一五〇二年、神足・中小路・野田、一五〇八年、物集女・高橋・神足、一五二八（大永《たいえい》八）年には、神足・高橋・物集女氏がそれぞれ確認される（二八〜二九ページ表）。一五五〇（天文《てんぶん》十九）年の事例でも、神足・野田氏が別格に位置し、日下《にっか》に署名している高橋氏とで三人となる。

一五〇八年、幕府は、物集女・高橋・神足氏宛に、灰方《はいかた》公文の違乱を排除し、善峯寺《よしみねでら》▲に年貢などをおさめるように百姓らに下知するよう命じた（『善峯寺文書』）。幕府が「国」のもつ秩序維持機能によって、地域における行政権の執行を依頼したのである。このころ、京郊の荘郷について、荘園領主などの支配を安定させるため、幕府は秩序維持の権能をもつ地域組織を積極的に利用していた。京都の北東では東山《ひがしやま》十郷▲、東では山科《やましな》七郷▲などが、そうした組織として史料にみえる。東山十郷や山科七郷では、特定の土豪ではなく郷（村）が連合して権能を担っているのに対し、土豪が集まった「国」が表にでている西岡は、それだけ地域社会のなかでの国衆の卓越性が高かったことを示すといえる。

一五〇九（永正六）年には、前年、西岡・中脈の不入確保のために、「国」とし

▼**善峯寺**　十一世紀の草創。歴代足利《あしかが》将軍によって寺領を保護されたが、応仁・文明の乱で焼失。現在も京都市西京《にしぎょう》区大原野《おおはらの》小塩町に所在。

▼**東山十郷**　聖護院《しょうごいん》・岡崎・南《なん》禅寺《ぜんじ》・粟田口《あわたぐち》・鹿谷《しがたに》・浄土寺《じょうどじ》・白《しら》川《かわ》・田中・吉田などからなる。

▼**山科七郷**　野村・大宅《おおやけ》・西山・花山《かざん》・御陵《ごりょう》・安祥寺《あんしょうじ》・音羽《おとわ》からなる。

て大内義興《おおうちよしおき》▲に礼物を送ったが、上久世荘が分担分を払おうとしないので、近日、大勢で催促すると国衆から上久世荘に連絡があった。また、一五五〇年には、芥川清正《あくたがわきよまさ》から段米《たんまい》▲が賦課されたため、「国」は礼物をだして段米賦課を逃れる方針を決めた。明日、向日宮で寄合があるので、東寺は同心するか、去年のように抜けるか、問合せがなされている(『東寺百合文書』)。これらの事例では、不入権確保のために国衆が「国」を単位に活動していることがわかる。

もちろん、個々の土豪にとっては被官関係も重要であった。十六世紀になると、三好《みよし》氏をはじめ、細川京兆家以外の被官も多く確認できるようになっていく。一五二八年、細川高国《たかくに》▲と細川晴元《はるもと》▲の対立のなかで、高国派だった土豪が晴元派に帰参した。

わざと折紙をもって申し候、よって今度、西岡・中脈衆の儀、帰参申すについて、御下知をもって安堵の儀、仰せ付けられ候ところに、鶏冠井備前違背仕《つかまつ》り候条、近日、取り合いをなすべく候、しからば、御在所御合力《ごうりき》の儀、頼み存じ奉り候、その方、御用の時は、何時たりといえども、国一味の子細候の条、各々申し合わせ馳走《ちそう》いたすべく候、御入魂《じっこん》に預かり候はば、

▼**大内義興**　一四七七〜一五二八年。周防《すおう》国などを領有する大名《だいみょう》であったが、一五〇八(永正五)年、足利義稙《よしたね》を擁して上洛し、山城国守護などを勤める。

▼**段米**　一反(段)当りいくらという基準で賦課される米納税。

▼**細川高国**　一四八四〜一五三一年。細川政元の養子で、京兆家の家督《かとく》となったが、一五二七(大永七)年、近江《おうみ》へ没落。

▼**細川晴元**　一五一四〜六三年。細川澄元の子。一五二七(大永七)年、三好元長に擁されて堺に上陸、いわゆる「堺幕府」の主となる。

国において畏《かしこ》み入るべく候、神足・高橋・物集女、少用の儀候て、いまだ堺に在津仕り候間、少々罷り上り候人数として、まず御案内申し候、定日の儀は、重ねて申し入るべく候、自然、俄《にわ》かの儀においては、聞き懸け御合力、頼みたてまつるべく候、恐々謹言、

（大永八年）
七月八日

柳本若狭守 治頼（花押）
秋田中務丞 実家（花押）
平 新介 貞康（花押）
志水蔵人助 吉種（花押）
石原弥五郎 延助（花押）
古河与三左衛門尉 道秀（花押）
中小路山城守 宗綱（花押）

東寺
雑掌御中

（『高山寺《こうざんじ》所蔵東寺文書』）

「西岡・中脈衆が帰参することについては、晴元が安堵してくれたのに、鶏冠井備前守《びぜんのかみ》(政益《まさやす》)が了承しないので、近日中に鶏冠井と合戦になる。合戦に際しては、東寺としてわれわれに合力してほしい。もし、東寺で御用があるときは、いつでも言ってくだされば、『国』は一味なので国衆みんなで申し合わせて馳走する。今回、合力してくださるならば、『国』として感謝する。神足・高橋・物集女(「国」の年老衆)は小用があって、まだ晴元がいる堺に滞在中である。一足先に西岡に戻ったわれわれとしてまず東寺に御案内申す。合戦の日取りについては重ねて申し入れる。万一、急に合戦になったならば、聞きつけ次第合力してくださるようお願いする」としている。

これらの「国衆」主流グループに対して、鶏冠井政益、竹田仲広《たけだなかひろ》(寺戸村)、竹内為信《たけのうちためのぶ》(久我村《こが》)は、以前からの晴元派として西岡に残り、主流グループの「国衆」の「跡職《あとしき》」を当知行していた。そして三好元長を後ろ盾に主流グループに対抗しようとしている(『東寺百合文書』)。

一四八七年のときと違い、土豪たちは武家権力との関係にしばられて容易に一つに結集できていない。しかしより重要なのは、そうした状況下で帰国した

●――調子武吉書状草案　一五三二年十一月二十日（『調子家文書』）。

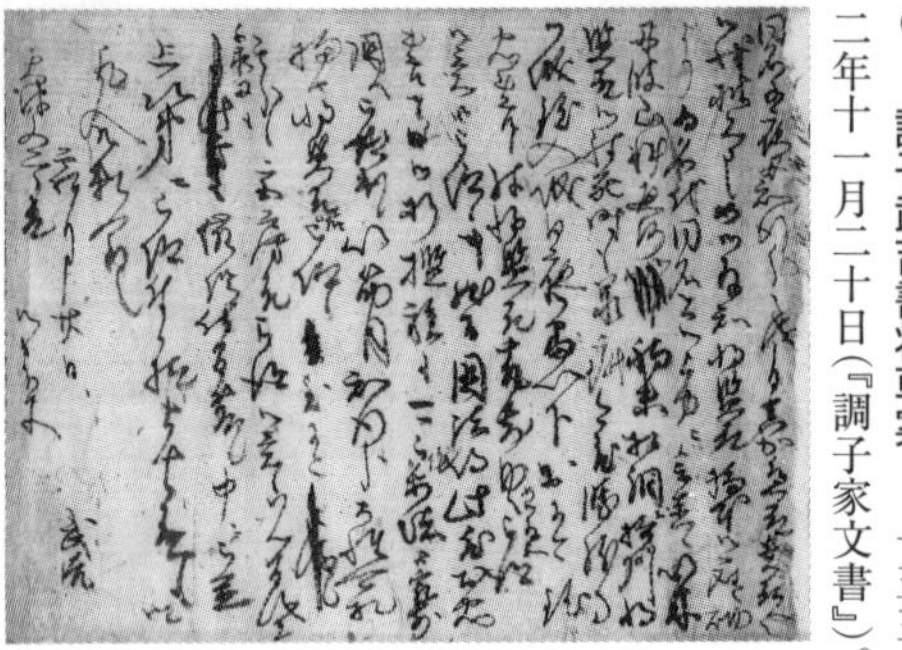

土豪たちが早々にみずからを「国」と名乗ったことである。「国」が地域の公権としての立場を示し、自分たちの政治的な正統性を主張するためにも重要だったのである。

一五三二（天文元）年、畿内《きない》各地における一向《いっこう》一揆▲の蜂起に直面して、それまで対立関係にあった将軍足利義晴《あしかがよしはる》と細川晴元が和睦《わぼく》して、一致して一揆に対処しようとした。西岡でも、義晴から、「このたび忠節においては、御折檻族《ごせっかんのやから》も安堵を作らるべきよし、最前、国へ仰せ出され候」（今回、忠節を示せば、処罰していた者も所領を安堵すると、最前に、国に対して意志を伝えられた）という。これを受けて、「国諸侍」は、摂津《せっつ》方面から進出してきた一向一揆に対抗して勝龍寺《しょうりゅうじ》城に入城し、日夜、御番につくなど、忠節を果たしたのである（『調子家文書』、上写真）。この場合は、帰属する武家権力の違いから対立していた土豪たちが、「国諸侍」として結集したことが注目される。

十六世紀前半、西岡の土豪たちは、地域社会における公権を担う存在として「国」を重視し、継続して結集していたのである。

なお、一五〇四年、西岡の土豪の多くが籠城していた淀城▲が陥落した直後、

▼**天文の一向一揆**　大坂（石山《いしやま》）本願寺《ほんがんじ》を中心とする一向一揆が、摂津・河内《かわち》・大和《やまと》・山城（山科）などで蜂起し、京都の法華《ほっけ》一揆や武家諸勢力と対戦した。

▼**淀城**　近世とは違い、納所《のうそ》に立地。桂《かつら》川・宇治川などの合流点に近い、天然の要害。

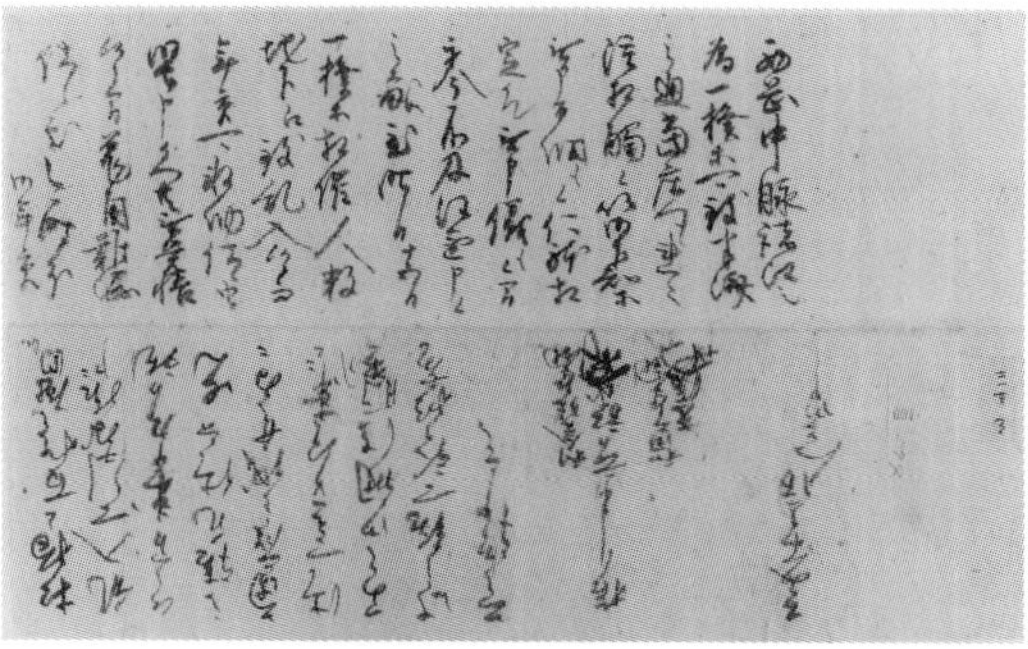

●──上久世荘利倉弘盛・和田光俊連署書状　一五〇四年十月十六日(『東寺百合文書』)。一揆らは軍勢を動員して地下(上久世村)へ乱入し、百姓の屋内を劫掠《ごうりゃく》すると脅しをかけてきている。

西岡・中脈諸郷の一揆が香西元長から半済をあたえられている(『東寺百合文書』、上写真)。これは淀城攻撃軍に加わったことに対する恩賞《おんしょう》だったが、土豪の大半が淀城に籠城後に没落したことから、ここでいう「一揆」が百姓を中心とするものであったことはまちがいない。西岡の村々の内部において、百姓が独立した権能を維持し、「一揆」という形態で独自に政治主体になりうる力量を保持していたことが確認される。西岡においては、「国」と「一揆」は別物だったのである。

「惣中」の都市・大山崎

応仁・文明の乱後、幕府の全国支配の衰退にともない、大山崎《おおやまざき》の神人《じにん》が諸国にもっていた油の生産・販売独占権が失われ、油商売に関する特権は京都とその周辺に限定されていく。しかし、この時期、都市としての大山崎が衰退したわけではない。

一四八二(文明十四)年には、在家《ざいけ》など数百軒が火災で焼失したという記録がある。町場のまわりには木戸や堀もめぐらされており、自衛の体制を整えていた（『大乗院《だいじょういん》寺社雑事記《じしゃぞうじき》』『井尻《いじり》家文書』）。大山崎住人の金融活動も相変わらず活発で、一五四七（天文十六）年には、柴垣宗恆《しばがきそうこう》が幕府に対し、分一銭《ぶいちせん》▲による債権保障を要請している（『銭主賦引付《ぜにぬしくばりひきつけ》』）。また一五四九（天文十八）年には、鎰屋《かぎや》という旅館の存在が確認される。連歌師《れんがし》として著名な山崎宗鑑《やまざきそうかん》▲が大山崎を中心に活動を開始したのが十五世紀後半であり、また十六世紀半ばに活躍し、一流の文化人としても知られる竹内季治《すえはる》▲の邸宅が大山崎にあったこと（『言継卿記《ときつぐきょうき》』）などは、文化的拠点としても大山崎が発達していたことを示す。

大山崎住京神人の活動も継続しており、一五二二（大永二）年、洛中《らくちゅう》の錦小路《にしきのこうじ》西洞院《にしのとういん》の新八幡宮の再建を幕府に願いでている（『別本賦引付』四）。さらに、一五〇八（永正五）年には、堺北荘《さかいきた》などとならんで、「城《じょう》州大山崎名主沙汰人中」が幕府から撰銭令《えりぜにれい》▲の発布を伝達された（『建武以来追加《けんむいらいついか》』）。大山崎は畿内でも屈指の都市に成長していたのである。

ところで、十五世紀前半、大山崎に「惣中」と呼ばれる組織ができた。これは、天神八王子社《てんじんはちおうじしゃ》▲の宮座《みやざ》▲を紐帯とし、宿老《しゅくろう》と若衆《わかしゅう》▲からなった。このころ、離宮八幡宮《りきゅうはちまんぐう》も確立したと考えられる。こうして「神人中」の都市から「惣中」の都市へ、

▼**分一銭**　債権者・債務者がそれぞれ債権・債務の一〇分の一（五分の一のことも）を幕府に納入することで、債権保障、あるいは債務破棄を受けるための銭。

▼**山崎宗鑑**　生没年・出自・伝記など不詳（一五三九年ごろ、死没という）。飯尾宗祇《いいおそうぎ》や宗長《そうちょう》など、著名な連歌師と親交が深く、江戸時代には俳諧《はいかい》の開基としてもてはやされた。

▼**竹内季治**　久我荘預所《あずかりどころ》を勤める土豪の家の出身。法華宗寺院を京都に建立したり、兄弟が堺にいるなど、商人としての性格ももつ。朝廷《ちょうてい》や足利義昭《よしあき》とのつながりもあったが、織田信長《おだのぶなが》に処刑される。

▼**撰銭令**　幕府が、銭貨の種類、損耗の度合いなどに応じてその価値を決め、流通させることを命じた法令。

大山崎は転生をとげた。

この「惣中」はどのような性格の組織だったのであろうか。一五〇〇(明応九)年前後のあるとき、大山崎惣中と西岡の土豪たち(「御被官人中」)が、窪《くぼ》田《た》弥《や》五《ご》郎《ろう》の処分をめぐって対立する事件があった。詳細については、先述したが、この事件では、大山崎と西岡がそれぞれ一つの集団として、構成員の権利、集団全体の権益を守ろうとした。国質《くにじち》と所質《ところじち》▲をならべて禁止する条項が、このころの禁制に多くみられるが、まさに、ここで「国」(西岡)と「所」(大山崎)が同種の集団として対峙したのである▲。

大山崎と西岡の「類似性」は、小塩荘との関係においてもみられる。一五二二年に作成された「小塩荘帳」(『九条家文書』)には、西岡の村々や大山崎(山崎)の領域に属する耕地とそれぞれの年貢納入責任者の名前などが記されている。大山崎については、寺庵の多さがめだつ。戦国時代、それらの寺庵の多くは有力都市民によって建立・維持されていた。このほかには、松田・井上・津田氏ら有力町人にほぼ限定される。一方、村々では、「〇〇方」と呼ばれる、土豪やその一族が多い。すなわち、大山崎の有力町人(寺庵)と西岡の土豪は、同一レベル

▼天神八王子社　大山崎の地主神(産土《うぶすな》神)である牛頭《ごず》天王をまつる。古くから山中に鎮座し、八王子山＝天王山《てんのうざん》などの名称もこの神社に由来する。

▼宮座　神社をまつる俗人の組織。中世においては、村や町の共同体の指導機関にもなった。

▼宿老・若衆　村や町の指導者層のうち、年長・年少のグループ。若衆が武力の中心を担った。

▼国質・所質　債務・喧嘩などのトラブルに際し、当事者に制裁を加えることができない場合、そのトラブルとは関係ない第三者が当事者と同じ「国」や「所」の住人であることを理由に、身柄を拘束されたり、所有物を奪われたりすること。「国」や「所」の地縁的共同体としての強化が前提としてある。

▼大山崎の所質　一四七二(文明四)年、大山崎神人は各地の関所で「所質」をとられていたことがわかる(『離宮八幡宮文書』)

1539(天文8)	⑥月17日	三好長慶	大山崎
〃(〃)	7月26日	茨木長隆	大山崎
1541(天文10)	10月	木沢長政	大山崎
〃(〃)	11月13日	細川晴元奉行人	大山崎
1542(天文11)	1月	三好長慶	大山崎
1546(天文15)	8月27日	斎藤春隆	太山崎庄
〃(〃)	11月11日	三好之康	大山崎庄
1547(天文16)	3月3日	茨木長隆	大山崎
1549(天文18)	5月	三好長慶	大山崎
〃(〃)	〃	遊佐信教	大山崎
〃(〃)	7月20日	幕府奉行人	大山崎惣庄
〃(〃)	7月	十河一存	大山崎
1551(天文20)	7月23日	細川晴元奉行人	大山崎幷境内
1552(天文21)	7月3日	芥川孫十郎	大山崎
1558(永禄元)	6月9日	細川晴元奉行人	大山崎
〃(〃)	10月	三好実休	大山崎
1561(永禄4)	8月16日	六角義賢奉行人	大山崎
1565(永禄8)	11月20日	池田勝正	大山崎
〃(〃)	12月	三好三人衆	大山崎
1568(永禄11)	9月	織田信長	大山崎
〃(〃)	〃	三好義継	大山崎
〃(〃)	〃	松永久通	大山崎
1570(元亀元)	7月	民部丞	大山崎惣中
〃(〃)	9月	下間頼総	八幡宮領大山崎中
〃(〃)	〃	朝倉景健	八幡御神領大山崎中
〃(〃)	〃	浅井長政	八幡社領大山崎中
1572(元亀3)	8月	松永久秀	大山崎
〃(〃)	12月	篠原実長，篠原長重	大山崎惣中
〃(〃)	〃	三好笑岩	大山崎惣中
1573(元亀4)	3月	織田信長カ	大山崎惣庄中
1582(天正10)	6月3日	明智光秀	大山崎
〃(〃)	6月	織田信孝	大山崎
1600(慶長5)	9月20日	池田輝政，福島正則	山崎惣中
〃(〃)	9月21日	徳川家康	大山崎惣中

マル数字は閏月を示す。『離宮八幡宮文書』『疋田家本離宮八幡宮文書(写本)』『疋田家文書』による。『山崎合戦』(大山崎町歴史資料館)所収の表を改変。

●―大山崎宛の禁制

年	月 日	発 給 者	宛 所
1469(文明元)	7月28日	上総介, 下野守, 刑部少	大山崎惣庄
〃(〃)	7月	畠山義就カ	大山崎庄
〃(〃)	8月	山名是豊カ	大山崎
1470(文明2)	1月	某	大山崎
1471(文明3)	4月5日	幕府奉行人	石清水八幡宮大山崎神人等(申条々)
1482(文明14)	3月8日	畠山政長	大山崎
〃(〃)	3月	細川高国	大山崎
1484(文明16)	10月	赤松政則	大山崎
1486(文明18)	3月25日	細川某	大山崎
1499(明応8)	9月2日	畠山尚順カ	大山崎
〃(〃)	9月5日	備後守	大山崎
1507(永正4)	8月6日	細川澄元	大山崎
1508(永正5)	4月9日	幕府奉行人	石清水八幡宮領城州大山崎
〃(〃)	4月21日	大蔵少輔, 紀伊守, 兵庫助, 左衛門尉, 藤原, 中務少輔	大山崎
〃(〃)	4月23日	細川高国	大山崎
〃(〃)	8月12日	遊佐長教	大山崎惣中
〃(〃)	8月15日	細川元常	大山崎惣中
1511(永正8)	8月	細川政賢	大山崎惣中
1517(永正14)	12月15日	幕府奉行人	石清水八幡宮大山崎神人等(申条々)
1518(永正15)	6月20日	細川高国	石清水八幡宮大山崎神人等(荏胡麻油商売)
1524(大永4)	12月28日	幕府奉行人	石清水八幡宮大山崎神人等(申)
1526(大永6)	12月	波多野元清	大山崎
〃(〃)	12月	幕府奉行人	大山崎
1527(大永7)	2月	三好政長, 三好勝長	大山崎惣中
〃(〃)	2月	柳本賢治	大山崎
〃(〃)	4月12日	細川晴元奉行人	大山崎
〃(〃)	〃	幕府奉行人	山崎
〃(〃)	4月23日	細川高国	大山崎惣庄
〃(〃)	〃	六角定頼	大山崎惣庄
1530(享禄3)	11月16日	細川高国	太山崎
1531(享禄4)	2月	浦上村宗	大山崎
1533(天文2)	6月20日	細川晴国	大山崎
1538(天文7)	10月16日	細川国慶	大山崎

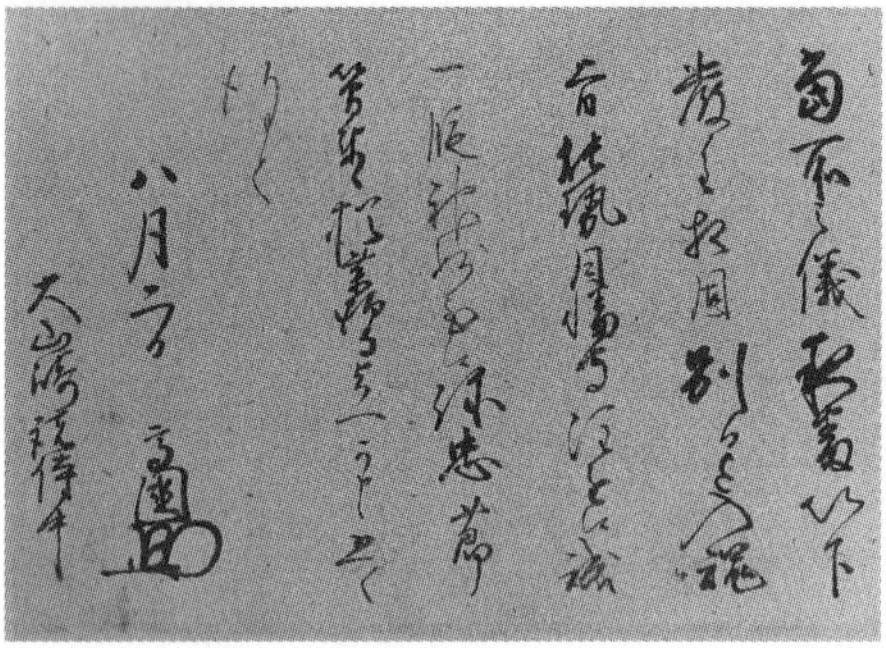
●—細川高国感状　一五一一年八月二日(『離宮八幡宮文書』)。

の社会階層に属していたといえよう。

一五五七(弘治《こうじ》三)年の「小塩荘納分」のうち、「山崎方」のみ銭納である(『九条家文書』)など、大山崎と西岡は町と村としていくつか異なる点をもっている。大山崎の住人が武家に軍事動員される場合、応仁・文明の乱の一時期を除き、あくまで都市大山崎の領域防衛のための戦いが主であった。一五〇四(永正元)年には大山崎の要害修築を褒じられ、一一(同八)年には「夜番以下厳重相固」の忠節を認められている(上写真)。一五二七(大永七)年の戦闘では死者も生じている(『離宮八幡宮文書』)が、いずれも大山崎の領域内での活動であった。

合戦に参加したことでえられる報償にも違いがみられる。西岡の土豪たちが半済を獲得したり、敵方所領をあたえられたりしたのに対し、大山崎は直接的な恩恵をこうむっていないようにみえる。しかし、応仁・文明の乱以降、大山崎は安全を保障される禁制《きんせい》をさまざまな武家から獲得した(『離宮八幡宮文書』『疋《ひき》田家《たけ》本《ぼん》離宮八幡宮文書』、五〇～五一ページ表、次ページ写真)。もちろん、禁制獲得には別に礼銭を必要としたが、大山崎が禁制を受けるようになったきっかけの一つとして、軍事動員への協力が想定できる。都市領域の共同防衛という

▼土豪集団の内部組織　一五〇二(文亀二)年には、「御被官申次」や村の「若衆」の存在が確認される(『東寺百合文書』)

●細川高国禁制　一五二七年四月二十三日(『離宮八幡宮文書』)。

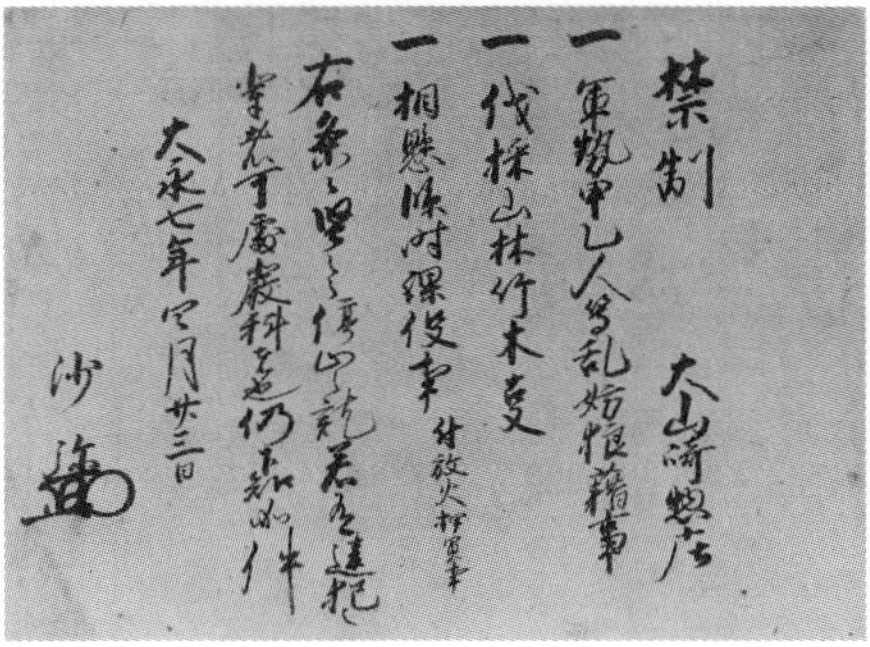

「忠節」を果たすなかで、大山崎は禁制によって保護されるべき社会的存在として認知されたのである。

　こうして、十六世紀前半、大山崎と西岡はそれぞれ「所」と「国」として、一つの地域(社会)を形づくった。ここで、両者の社会集団としての展開を比較しながら振り返っておこう。

　大山崎の「神人」(十三世紀以降)、西岡の「御家人《ごけにん》」(十四世紀以降)は、いずれも寺社・武家権門《けんもん》との関係によって規定された身分であった。ただ、大山崎では、「神人中」という集団を早くに結成し、十四世紀末には一定の自律的な領域を確保していた。

　大山崎では、十五世紀前半、「惣中」が結成され、「宿老」「若衆」という重層的な組織をつくりあげた。これは集団としての一層の成長を意味する。十五世紀後半にあらわれた、西岡の「御被官人」は御家人より構成員を拡大した。そして「御被官人中」という自律的な集団を結成し、西岡・中脈という領域を単位とした。また「惣中」「年老衆」と呼ばれる代表者を選出した。▲ただ、御被官人という身分標識はかなりの程度、記号化している(実態をともなわない)ものの、将軍との主従制を前提にする点に特徴がある。

十五世紀から十六世紀への移行期、御被官人中からだんだん変化して確立していった西岡の「国」は、国衆を構成員とし、将軍とのあいだの主従制の影をうすめ、地縁的な関係を確立した。国衆たちは個別には被官関係を取り結びながらも、地域社会における公権を担う「国」への結集を維持した。

この間、大山崎の集団原理の発達が、いつも西岡を少しずつリードしている。京都や他の多くの都市に比べても大山崎は早熟である。これはメンバーの固定性によるものであろう。多くの都市では、住民が定住し、地縁的共同体が明確になるのは十六世紀半ばごろである。その意味で、大山崎においては「神人中」成立の意義は大きいといえよう。

④―「都市的な場」のかたち

大山崎と西岡徳政一揆

一五二〇(永正《えいしょう》十七)年、大山崎《おおやまざき》と西岡《にしのおか》は厳しい対決のときを迎えた。三好之《みよしこれ》長《なが》▲は、京都へ進撃するにあたり、鶏冠井《かいで》四郎《しろう》らを大山崎に派遣し、西岡衆と連携して忠節をつくすように命じている(『離宮八幡宮文書《りきゅうはちまんぐうもんじょ》』)。ところが、三月、之長は西岡衆の歓心を買うため徳政令《とくせいれい》を発布し、半済《はんぜい》を給付した。そのため、西岡の一揆《いっき》が、大山崎に対して質物を取り返そうとしたり、半済を徴収したりしようとして実力行使を行う可能性が生じたのである。そこで、之長は次のような文書を大山崎に対してあたえた。

　　なおなお、半済の儀、当所は出さるべからず候、
今度の徳政の事、当所御神領たるの間、別して除き申し候、しかりといえども、一揆懸けらるるにおいては、先々の筋目をもって、相防がるべく候、もし一揆等申す子細候とも、被官中一人も出さず、許容の儀あるべからず候、恐々謹言、

▼三好之長　?〜一五二〇年。阿波《あわ》国三好郡出身の武士で、一四八五年ごろから頭角をあらわす。細川澄元を擁して畿内政治を壟断したが、この年(一五二〇年)、京都等持寺合戦《とうじじかっせん》に敗れ、自害。

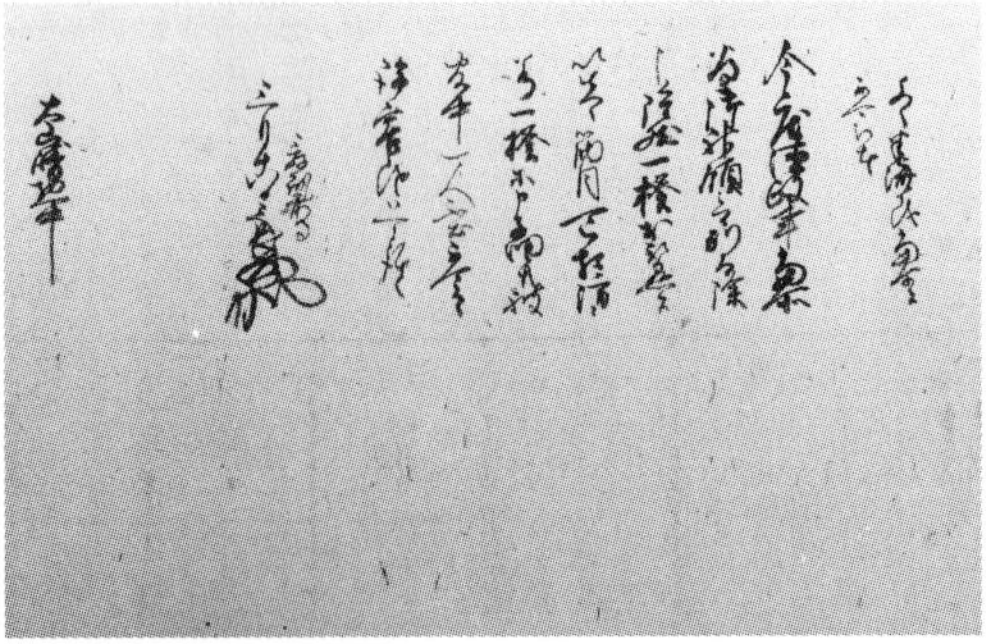

●——三好之長書状　一五二〇年三月十八日(『離宮八幡宮文書』)。

▼三好長慶　一五二三〜六四年。三好元長の子。細川晴元に仕えたのち、一五四九(天文十八)年、三好政権を樹立。織田信長に先行する斬新な政策で知られる。

三好筑前守
之長(花押)

(永正十七年)
三月十八日

大山崎惣中

(『離宮八幡宮文書』、上写真)

「神領」であることを理由に大山崎に徳政免除を認め、半済をださなくてもよいとし、攻撃を仕かけてきた一揆に対しては実力で抵抗することを許可している。しかしこれは、之長が大山崎を防衛する責任を放棄するので、自衛せよということを意味する。そのかわり、「被官中《ひかんちゅう》」からは一人も一揆には参加させない、という。大山崎と西岡の両方と「等距離」を保とうとする之長の姿勢とともに、西岡の土豪《どごう》が一揆の構成員になりえることを明確に示している。

この年、大山崎惣中は、「西岡質《じち》」の債権確保のため分一銭《ぶいちせん》を幕府《ばくふ》におさめてもいる(『離宮八幡宮文書』万《よろず》記録)。しかし、三好之長の禁制《きんせい》も分一銭納入も効果は小さく、徳政を阻止できるかどうかは、大山崎と西岡の実力の優劣がポイントだったのである。

同じような対決は繰り返される。一五三九(天文《てんぶん》八)年には、細川晴元《ほそかわはるもと》と三好利長《としなが》(のちの長慶《ながよし》▲)の双方が徳政令をだすことで「西岡一揆共」を味方につけよう

●——細川京兆家奉行人奉書　一五三九年十月十六日（『大山崎町歴史資料館所蔵文書』）。

とした。このうち、京都をおさえる細川方は、経済混乱への影響を最低限にするため、洛中洛外《らくちゅうらくがい》を除外し、「八幡・山崎の儀ばかり」に適用される徳政令をだしている（『大山崎町歴史資料館所蔵文書』、上写真）。これに対して、三好利長は、大山崎惣中《そうちゅう》に対して、「一揆等」が大山崎へ徳政の適用を要求することがあっても、受けつけないとしている（『離宮八幡宮文書』）。このときも、大山崎と西岡のあいだには緊張がはらまれたものと推測される。

一五六一（永禄《えいろく》四）年にも、大山崎は徳政免除を受けている（『別本賦引付《くばりひきつけ》』三など）。三好政権の中枢部とつながる竹内季治《たけのうちすえはる》の斡旋によるものであったため、大山崎方はこれで徳政の「末代《まつだい》免除」を獲得したと認識しているが、翌年にも改めて徳政免除を獲得しなければならなかったこと（『離宮八幡宮文書』）からすれば、その認識は誤りだったのだろう。徳政問題が最終的に解決するためには、徳政（借金棒引き政策）そのものを否定する、織豊《しょくほう》政権を待たねばならない。

大山崎と西岡のあいだにこのような緊張関係が生じる背景には、日常的な人や物の交通があった。大山崎と西岡が有機的な関係を取り結んでいたといえるだろう。

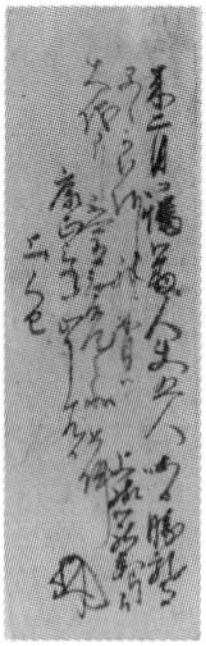

●――上久世荘八幡番人夫役配符　一四五七年正月十九日(『東寺百合文書』)。

寺院都市・勝龍寺

勝龍寺《しょうりゅうじ》(長岡京《ながおかきょう》市勝竜寺)が確かな史料で確認できるのは十三世紀半ば以降である(京都大学総合博物館所蔵『宝積寺《ほうしゃくじ》文書』)。一三一九(元応《げんおう》元)年には、「神足郷《こうたりごう》勝龍寺」という銘文をきざむ梵鐘(現大阪府能勢《のせ》町真如寺《しんにょじ》蔵)が鋳造されており、当時、勝龍寺は神足郷(村)のなかに含まれていたことになる。

一四五七・五八(康正《こうしょう》三・長禄《ちょうろく》二)年、守護《しゅご》方は東寺《とうじ》領久世《くぜ》上・下荘《しょう》に、石清《いわし》水《みず》八幡宮「御番人夫《ごばんにんぷ》」各五人を賦課し、人夫を勝龍寺に出頭させるように命じている(上写真)。おそらく勝龍寺に集合したあと、石清水社に向かうのであろう。この人夫役の免除交渉をするため、一四五八年には東寺の使者が勝龍寺に赴いており、このとき、守護方の役人が勝龍寺にいたことが推定される(『東寺百合《ひゃくごう》文書』)。応仁《おうにん》・文明《ぶんめい》の乱では、勝龍寺は西軍方の「陣城」とされた(『応仁別記』)ため、一四七〇(文明二)年四月以降、東軍方からしばしば攻撃を受けた(『大乗《だいじょう》院寺社雑事記《いんじしゃぞうじき》』、「野田泰忠軍忠状《のだやすただぐんちゅうじょう》」など)。西軍方は、勝龍寺の鐘の音を利用して、京都に緊急情報を伝えようともしている(『東寺百合文書』)。

従来は、これらの史料をもとに、応仁・文明の乱のころまでには、勝龍寺

（寺院）とは別に勝龍寺城が成立していたとされる。守護所《しゅごしょ》▲（あるいは郡代役所）の機能をもち、周辺の村々にある土豪の居館とは違って、守護（クラスの武将）だけが戦時に利用する城であることから、「公的城郭」ともいうべき存在であると考えられてきた。

表（六〇～六一ページ）は勝龍寺（城）関係の記載をまとめたものである。▲「勝龍寺」という表現が継続的に確認できるのに対して、「勝龍寺城」という表現は十六世紀半ばまでほとんどみえない。このことは、なにを意味するのであろうか。

一四九七（明応《めいおう》六）年、勝龍寺は寺領の「守護不入」特権をえており、かなりの寺格の寺院として認められている（『尊経閣文庫文書』）。一五一八（永正十五）年には、草刈場の相論《そうろん》をめぐって幕府は、「神足・古市《ふるいち》百姓等」と「勝龍寺」に事情をたずねており、寺が地域（集落）を代表している（『田中文書』）。「小塩荘帳写《おしおのしょうちょう》」（一五二二（大永《たいえい》二）年、『九条家文書』）では、勝龍寺・円明寺《えんみょうじ》・山崎のみが村表記ではなく、「勝龍寺てらと申」とあることから（六八～六九ページ写真）、「村」と同レベルの存在として勝龍寺があらわれている。

勝龍寺の内部には、「寺家」とは別に、塔頭《たっちゅう》・院坊として、中坊《なか》、東坊《ひがし》、新坊《しん》、

▼守護所　室町時代、守護の地域支配の拠点。普通、守護館、守護代館、家臣団《かしんだん》屋敷などからなったが、一郡規模の流通拠点におかれ、物資の集散機能が中心である場合も多い。

▼勝龍寺城の初見　表によれば「勝龍寺城」の初見は一四七〇（文明二）年の『大乗院寺社雑事記』だが、筆者である興福寺大乗院尋尊《じんそん》には山城国の情報は正確に伝わっておらず、同日条の「開田城」は「鶏冠井城」の誤りであることがわかっている。次は、一五三二（天文元）年の『調子家文書』だが、前後の時代に関連記事がなく、勝龍寺とは異なる「勝龍寺城」が成立していたかどうかは、なお検討を要する。よって、勝龍寺城の成立は一五六〇（永禄三）年前後ということになる（⑤章参照）。

天文元(1532)	11月20日	勝龍寺城	調子武吉,「勝龍寺御城」へ「入城」し,日夜番を勤める	調子家文書
天文2(1533)	11月9日	勝龍寺	細川晴国,野田弾正忠に勝龍寺分の知行地を安堵	尊経閣文庫文書
未詳(永禄2?)	6月25日	勝龍寺	物集女国光ら,東寺に対し,勝龍寺普請につき所領から人夫をだすように命ず	東寺百合文書
永禄3(1560)		勝龍寺城	今村慶満(三好長慶家臣),京都から追放された宣教師に「勝龍寺の城」へ向かわせようとする	フロイス・日本史
永禄5(1562)	3月6日	勝龍寺城	今村慶満,京都から撤退し,「勝隆(龍)寺之城」へ籠城	長享年後畿内兵乱記
永禄7(1564)	8月16日	勝龍寺	当寺(勝龍寺)住侶専勝坊雄善,聖観音立像を修復	木造聖観音立像(勝龍寺蔵)台座墨書銘
未詳(永禄9?)	4月16日	勝龍寺城	板東大炊助,「勝龍寺」の「相城」を馬場に普請	胄山文書(国立国会図書館蔵)
永禄9(1566)	7月17日	勝龍寺城	松永久秀方と三好三人衆方の合戦のなかで,「小竜寺城」「勝龍寺の城」に籠城していた松永方が没落	後鑑(「細川両家記」では7月13日とある)
〃	7月18日	勝龍寺	仁木長頼(伊賀国),勝龍寺へ加勢せよとの足利義秋からの命令を受諾	和田文書
〃		勝龍寺城	中沢満房・竹内季治,足利義秋からの命令で勝龍寺に「入城」	中沢文書,久我家文書
永禄10(1567)	3月6日	勝龍寺	石成友通,西岡表の明所へ惣次,「勝籠(龍)寺より」申し付けようとする	随心院文書
未詳	9月21日	勝龍寺城	石成友通,「勝龍寺在城」につき光源院から礼物を送られる	光源院文書
永禄11(1568)	9月27日	勝龍寺城	石成友通,織田信長方の攻撃に抗して「勝隆(龍)寺之城」「勝龍寺城」「正立(勝龍)寺」に籠城	言継卿記,多聞院日記,原本信長記
永禄12(1569)	1月8日	勝龍寺城	1月8日,細川藤孝ら,「勝隆(龍)寺之城」へ入城	言継卿記(正月9日条)
元亀元(1570)	8月30日	勝龍寺城	足利義昭,「勝隆(龍)寺城」に逗留	言継卿記
〃	9月3日	勝龍寺	山科言継,足利義昭の見舞いに「勝隆(龍)寺」にいく	言継卿記
元亀2(1571)	2月9日	勝龍寺城	細川藤孝,「帰城,勝龍寺也」	兼見卿記
〃	5月21日	勝龍寺	某,勝龍寺へいく	元亀二年記(5月30日以下にも記載あり)
〃	10月14日	勝龍寺	織田信長,「勝竜寺要害」普請のため人夫使役を認める	細川家文書
元亀3(1572)	12月	勝龍寺城	細川藤孝,勝龍寺「城米」を諸入組から徴収する権利をあたえられる	細川家文書「綿考輯録」
未詳		勝龍寺	細川藤孝,久我家領勝龍寺分を競望する	久我家文書
元亀4(1573)	3月9日	勝龍寺城	細川藤孝,革嶋秀存の「当城」(勝龍寺城)に対する覚悟を褒す	革嶋家文書
天正2(1574)	6月17日	勝龍寺城	細川藤孝,「勝龍寺城殿主」にて古今伝授を受ける	京都御所東山御文庫記録

●—史料にみえる勝龍寺と勝龍寺城

マル数字は閏月を示す。

年	月　日	名　称	摘　　要	出　　典
正嘉2(1258)	7月8日	勝龍寺	田地を買得	宝積寺文書(京都大学所蔵)
元応元(1319)	5月10日	勝龍寺	神足郷勝龍寺の洪鐘を鋳る	真如寺(大阪府能勢町)梵鐘銘
康正3(1457)	1月19日	勝龍寺	守護，東寺に対し，寺領から八幡番人夫を勝龍寺に派遣するように命ず	東寺百合文書
長禄2(1458)	①月10日	勝龍寺	守護，東寺に対し，寺領から八幡番人夫を勝龍寺に派遣するように命ず	東寺百合文書
〃	①月18日	勝龍寺	東寺，守護から賦課された番人夫の免除交渉のため,乗観を勝龍寺に派遣	東寺百合文書「鎮守八幡宮供僧評定引付」
文明2(1470)	2月5日	勝龍寺	畠山義就(西軍)，勝蔵(龍)寺を陣城とする。東軍，勝龍寺陣を攻撃	応仁別記,尊経閣文庫文書「野田泰忠軍忠状」
〃	4月14日	勝龍寺	西軍，鶏冠井・勝龍寺を攻撃。大山崎地下衆，野田泰忠らが参加。勝龍寺搦手北之口などで合戦	離宮八幡宮文書，尊経閣文庫文書「野田泰忠軍忠状」
〃	4月16日	勝龍寺	西軍山名是豊，勝龍寺を攻撃	尊経閣文庫文書「野田泰忠軍忠状」
〃	4月18日	勝龍寺城	山名是豊・丹波勢，開田城・勝龍寺城を攻撃	大乗院寺社雑事記
〃	4月27日	勝龍寺	畠山義就方(西軍)，勝龍寺の鐘の音を連絡に使おうとする	東寺百合文書「廿一口方評定引付」
文明3(1471)	7月23日	勝龍寺	野田泰忠，勝龍寺で合戦	尊経閣文庫文書「野田泰忠軍忠状」
未詳	9月1日	勝龍寺	8月28日，大山崎地下衆，奥鶏冠井(海印寺)・勝龍寺合戦で忠節をつくす	離宮八幡宮文書
文明10(1478)	4月5日	勝龍寺	勝龍寺住僧蓮池坊栄暁，聖観音立像を修復	木造聖観音立像(勝龍寺蔵)台座墨書銘
明応6(1497)	10月3日	勝龍寺	勝龍寺領神足里など，諸公事免除・守護使不入特権を安堵される	尊経閣文庫文書
永正2?(1505)		勝龍寺	神足城の南に勝龍寺，勝龍寺入口が描かれる	九条家文書「神足城近隣指図」(「勝龍寺近傍指図」とも)
永正3(1506)	11月19日	勝龍寺	九条家，勝龍寺百姓中らに小塩荘光明峯寺知行分年貢の拘置きを命ず	九条家文書
永正4(1507)	11月吉日	勝龍寺	小れんし(勝龍寺)るりくわう方(瑠璃光坊)，同(勝龍寺)兵衛太郎，小塩荘の年貢をおさめる	九条家文書
永正5(1508)	3月22日	勝龍寺	守護不入地である勝龍寺領に対し，神足氏が人夫以下課役を賦課することを禁ず	尊経閣文庫文書
永正15(1518)	11月18日	勝龍寺	幕府，小塩荘入草について勝龍寺に事情をたずねる	田中文書
大永2(1522)		勝龍寺	「勝龍寺てらと申す」が所領単位。また寺家(勝龍寺)，新坊，中坊などが名請人	九条家文書「小塩荘帳写」
未詳		勝龍寺	小塩荘内で苅田被害で亡所になった一覧に勝蔵(龍)寺がみえる	九条家文書

行光《ぎょうこう》坊（以上、「小塩荘帳」）、蓮池《はすいけ》坊、専勝《せんしょう》坊（以上、「聖観音《しょうかんのん》立像台座墨書銘《ぼくしょめい》」勝龍寺蔵）などが存在しており、かなりの規模の寺院であった。一五〇四（永正元）年の薬師寺元一《やくしじもとかず》の挙兵に参陣した瑠璃光《るりこう》坊のように、一定の武力をもつ塔頭もあった（『東寺過去帳』）。十四世紀までは、神足郷（村）に属した勝龍寺が、十五世紀以降、寺院として発展をとげ、十六世紀には、神足村から完全に独立した存在となっていたことがわかる。

戦国時代には、越前平泉寺《えちぜんへいせんじ》▲、紀伊根来寺《きいねごろでら》▲など、寺院とその塔頭群からなる都市が各地に成立していた。勝龍寺も規模は小さいながらも同様の存在と考えてよいだろう。守護方はそうした勝龍寺の寺内の一部を利用したのであり、応仁・文明の乱の際には、勝龍寺の境内をそのまま城郭化したのではなかろうか。だとすれば、勝龍寺は一貫して寺院であり、これを「公的城郭」と呼ぶことには問題が残る。

つぎに、勝龍寺とその周辺の歴史的環境を復元してみよう。

勝龍寺は、西山から伸びる扇状地上に位置する。段丘の東側を流れる小畑川《おばたがわ》、西側を流れる犬川《いぬがわ》に挟《はさ》まれた岬状の地形の先端部にあたる。すぐ西側をとおる

▼**越前平泉寺**　霊峰白山《はくさん》の別当寺の一つ。越前の在地勢力の信仰を集め、十五世紀末には、数千坊の塔頭が建ちならぶ。現在の福井県勝山《かつやま》市。

▼**紀伊根来寺**　高野山《こうやさん》から独立した大伝法院《だいでんぼういん》を中心とする。戦国期には和泉《いずみ》の土豪などの結集核となり、塔頭が林立した。現在の和歌山県岩出《いわで》市。

西国《さいごく》街道、東側七〇〇～八〇〇メートルのところをとおる久我縄手《こがなわて》の両方の街道をおさえることができた。現在、地上にみることができる勝龍寺城跡は、細川藤孝《ふじたか》▲が居城とした最終段階のものであり、それ以前の勝龍寺(城)がどこに位置したのか、必ずしも明らかになっていない。

十六世紀初頭の作成と考えられる「乙訓郡条里坪付図《おとくにぐんじょうりつぼつけず》」(『九条家文書《くじょうけもんじょ》』、次ページ図)によれば、図の西端(左端)に「かうたにしろ(神足城)」、「神たり(足)」、「せうれんし(勝龍寺)くわんのんたう(観音堂)」、「中の方のやしき(屋敷)　小れんし(勝龍寺)」とならんでいる。神足氏の城館が「神足城」として示されているのに対し、勝龍寺は観音堂《かんのんどう》を中心とする寺であったことがわかる。同じころの「神足城近隣指図《さしず》▲」(『九条家文書』、六五ページ図)でも、「城神足」の南に「カイ道(街)」を挟んで「勝竜寺」がある。

一四七〇年、勝龍寺の西軍方を攻めた東軍方は、「勝龍寺搦手《からめて》北之口」で合戦している(「野田泰忠軍忠状」)。東軍は大山崎付近を発し、西国街道方面から右掲の「指図」の「カイ道」をとおって攻めてきたのであろう。「北之口」が「搦手▲」であるとすれば、「大手《おおて》」はどちらであろうか。現在、勝龍寺集落の南東、小畑川に「大門橋《だいもんばし》▲」がかかっているが、これは勝龍寺の「大門」にちなむものではなかろ

▼**細川藤孝**　一五三四～一六一〇年。和泉守護家に養子にはいり、足利義輝《よしてる》・義昭に仕える。西岡との関わりについては後述。出家《しゅっけ》後、幽斎《ゆうさい》と号す。

▼**神足城近隣指図**　従来は、「勝龍寺近傍指図」などと呼ばれてきたが、神足城を中心に描いている。

▼**大手と搦手**　城の正面入口と裏口。

▼**大門橋**　伝承では、藤孝の勝龍寺城の「大門」がここにあったという。しかし、近世細川家に伝来した絵図類によれば、藤孝時代の勝龍寺城の大手は、現在の勝龍寺城跡と神足神社のあいだをぬけて東へ続く直線道路とされている。

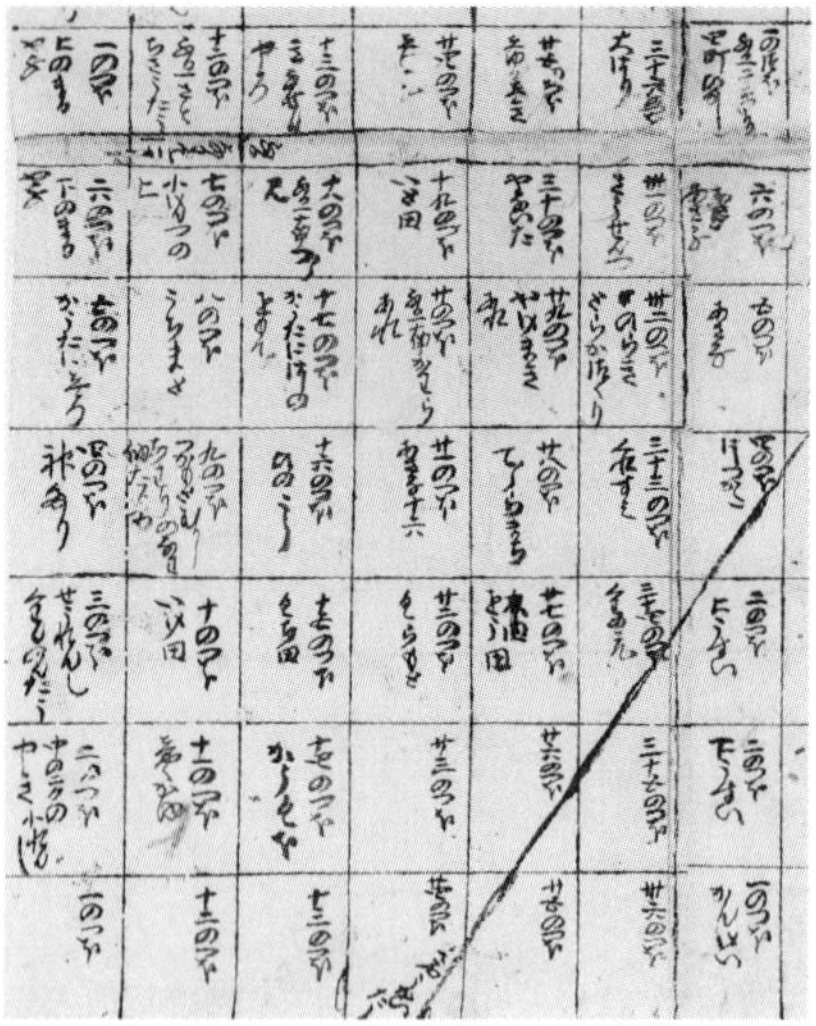

●──「乙訓郡条里坪付図」（『九条家文書』、上）と解読図（『長岡京市史　史料編二』より）　図の上が北。

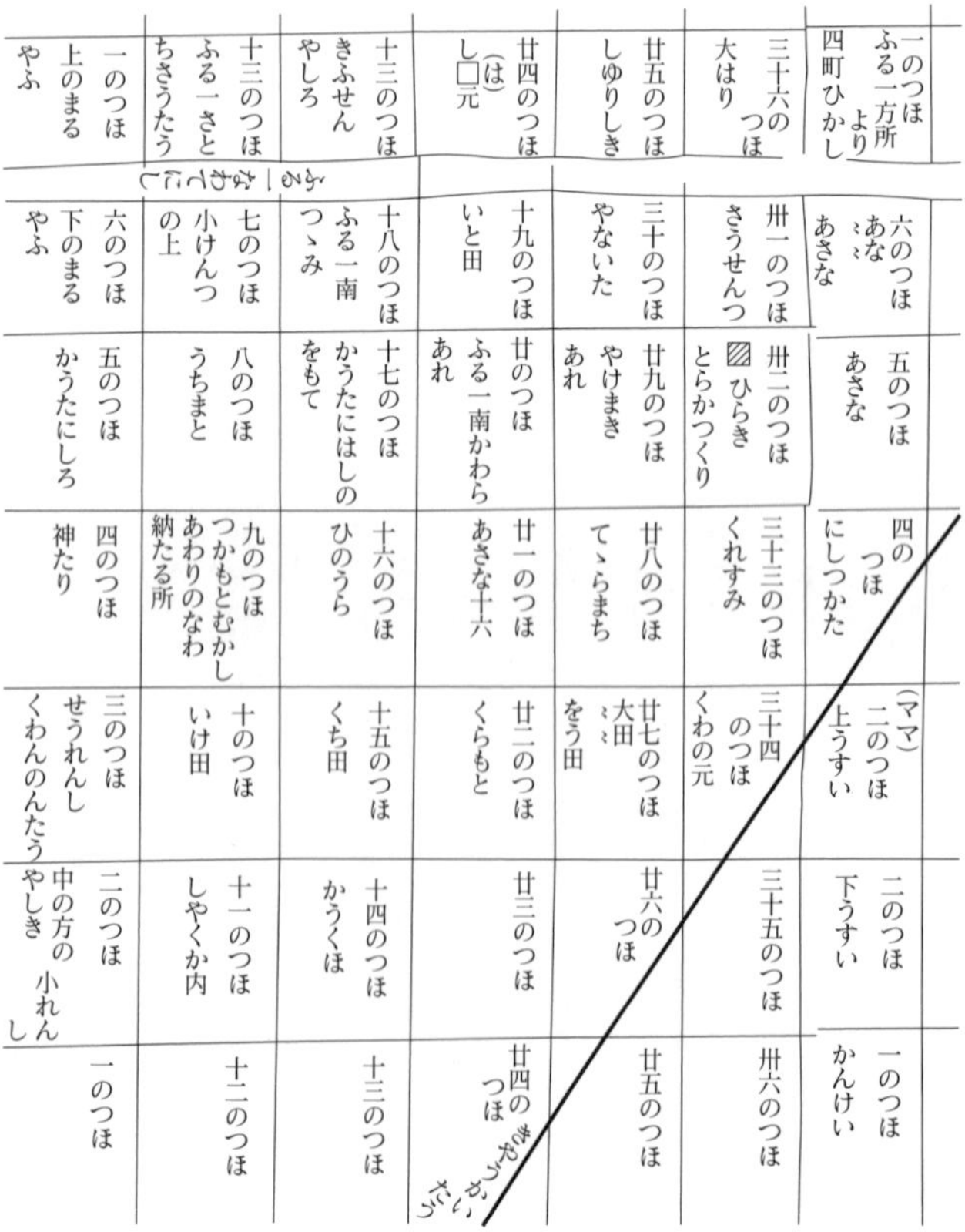

●――「神足城近隣指図」(『九条家文書』、上)と解読図(『長岡京市史　史料編二』より)　図の上が北。

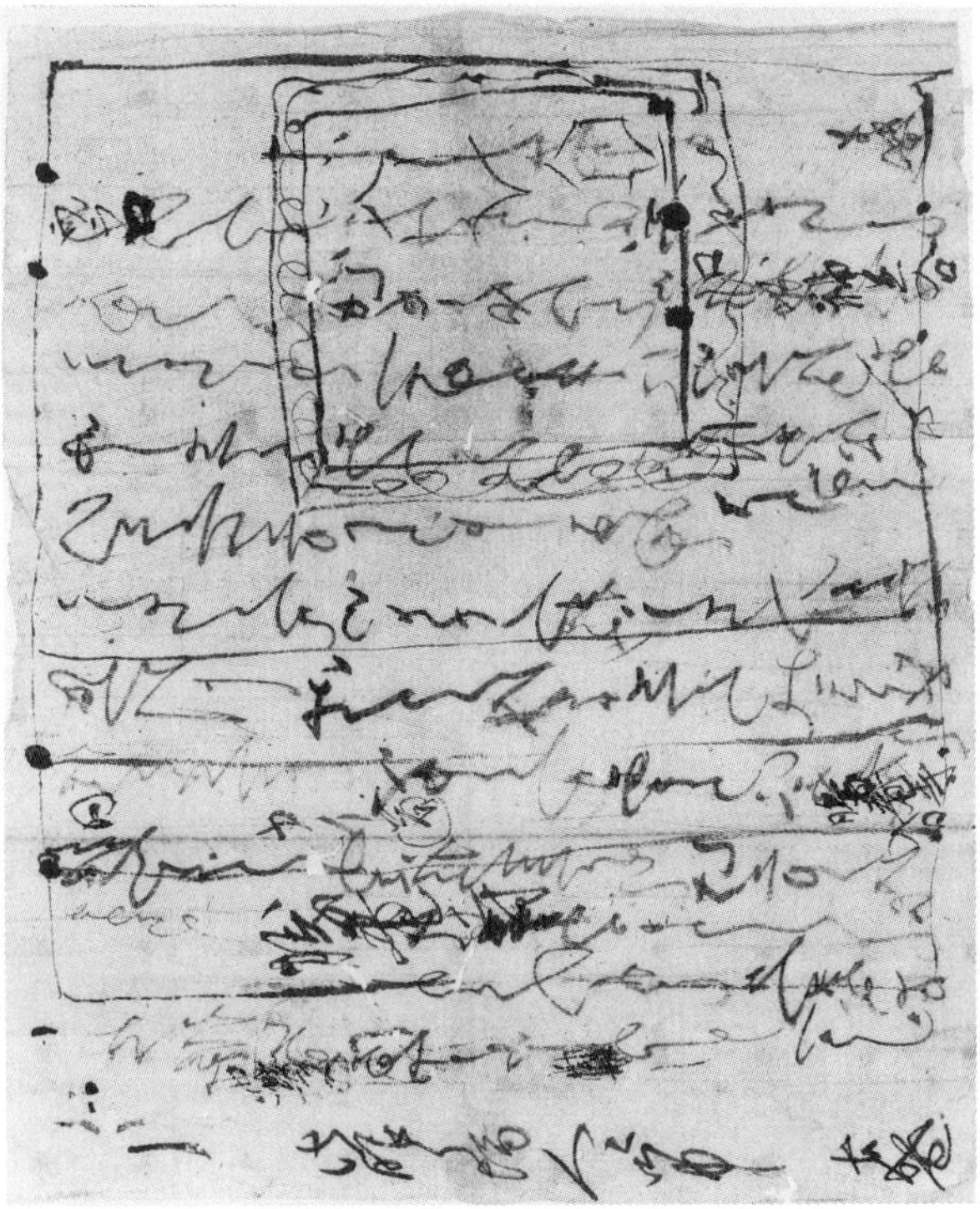

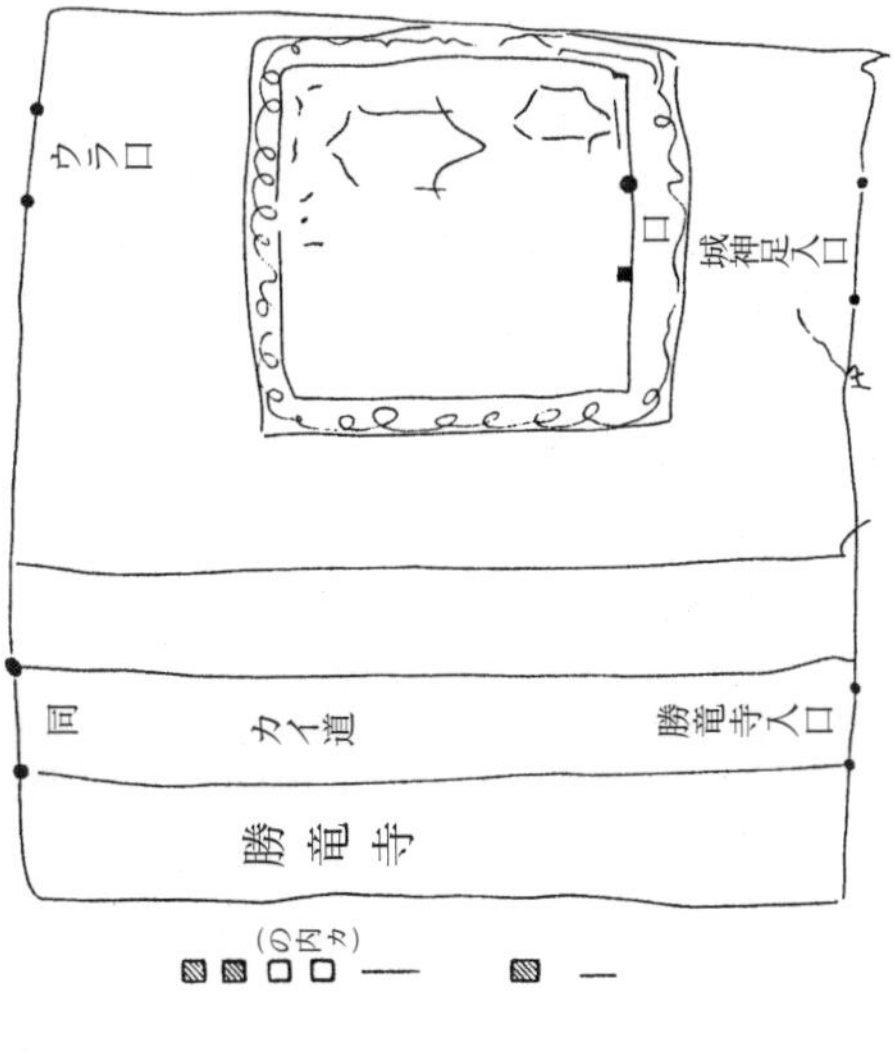

うか。橋の対岸には条里を踏襲した東西道路がとおっていて、久我縄手まで至近距離である。

　ここで小畑川の存在が注目される。十九世紀の記録によれば、屎尿処理の船が淀《よど》方面から勝龍寺村まで上がってきており、勝龍寺村に船持《ふなもち》百姓が存在する（『中山寛家《なかやまひろしけ》文書』）など、小畑川は物資の輸送に利用されていた。勝龍寺・神足付近は、淀と西国街道がもっとも接近する場所にあたることから、小畑川の水運▲と西国街道の結節点となった可能性が高い。西国街道からは物集女《もずめ》縄手をへて丹波《たんば》方面への物流もあっただろう。

　こうした交通上の要衝であることによって、勝龍寺が都市的な発展をとげ、またそれを念頭において臨時的な守護所機能を果たす場も設定されたのであろう。舟運なら石清水八幡宮まで人足《にんそく》を送り込むことも容易である。

神足城と神足村の職人たち

　近世絵図によれば、勝龍寺城跡の北側に神足村が位置し、これとは別に西国街道に沿って神足町が立地している（表紙参照▲）。しかし、発掘調査によると西

▼**小畑川の水運**　一五六〇（永禄三）年、京都を追放されたイエズス会宣教師《せんきょうし》ガスパル＝ヴィレラは、勝龍寺城に向かうため、鳥羽から乗船している（フロイス『日本史』第三巻）。

▼**表紙解説**　図の下方に勝龍寺村・神足村が広がる。左端の「チャウシ（調子）村」から「神足町」内へ貫通する太い道が西国街道。「青龍寺」と「神足村」の間の緑がかった「山」が細川藤孝築城の勝龍寺城の址。右下の「八幡」が神足神社（神足氏の城館の址）。西国街道から分かれ、「神足村」の左側から図の下部へ上下に抜ける道（図中では途切れている）が「神足城近隣指図」（前ページ）の「カイ道」にあたると推定される。小畑川西側に立つ門（村の門）が「指図」の「勝竜寺入口」にあたるのだろう。なお、表紙の右上の「八条殿」の右手が開田天満宮（現在の長岡天満宮）にあたる。

国街道沿いからは十六世紀にさかのぼる遺構は発見されておらず、中世にはいまだ街道沿いの町並みは成立していなかったと考えたほうがよい▲。

神足氏の居館《きょかん》である神足城は、近世神足村(集落)北東の段丘上に位置した。同城は、細川藤孝時代の勝龍寺城の整備、惣構《そうがまえ》▲の構築にともなって改造されたため、戦国時代の形状については不明である。近世以降、現代にいたるまで、同地には神足神社が鎮座している。

一五〇四(永正元)年、神足友春ら神足一族は、薬師寺元一の謀反に連座して没落した。これを機に香西元能《こうさいもとよし》が小塩荘に介入してきたため、荘園領主であった九条政基《まさもと》▲が翌一五〇五(永正二)年、直務《じきむ》支配をするため、神足城に入城した▲。政基方が「城の城戸《きど》」を築いたのに対し、香西氏側も「惣構の橋」を撤去して、城内への出入りを妨げている。城の内外には「やぐら」や「構口《かまえぐち》」などの防御施設もあり、神足城がかなりの規模と構造をもつ構えであったことがわかる(『九条家文書』「九条政基小塩荘下向引付」など)。

近世の神足村(集落)は、神足城の西側から南側に展開していた(表紙参照)。この付近は藤孝段階の勝龍寺城下の中心部分と考えられ、戦国時代以前の景観

▼**神足町**　西国街道は、一六三三(寛永《かんえい》十)年の永井直清《ながいなおきよ》による神足館建設にともない、直線化されて、現在の場所に設定された可能性がある。

▼**惣構**　学術用語としては、城郭本体ではなく、城下部分を囲う防御施設(城壁・土塁・堀)をさす。ただし、史料用語(同時代の用語法)としては、城郭本体の防御施設をさす場合も多い。

▼**九条政基**　一四四五〜一五一六年。関白《かんぱく》退任後、家領である和泉国日根荘《ひねのしょう》やこの小塩荘に下向して直務支配を試み、現地情勢についての詳細な日記を残す。

▼**政基の神足城入城**　神足城(神足氏の館)が本来、荘園の政所《まんどころ》であったことによるのだろう。

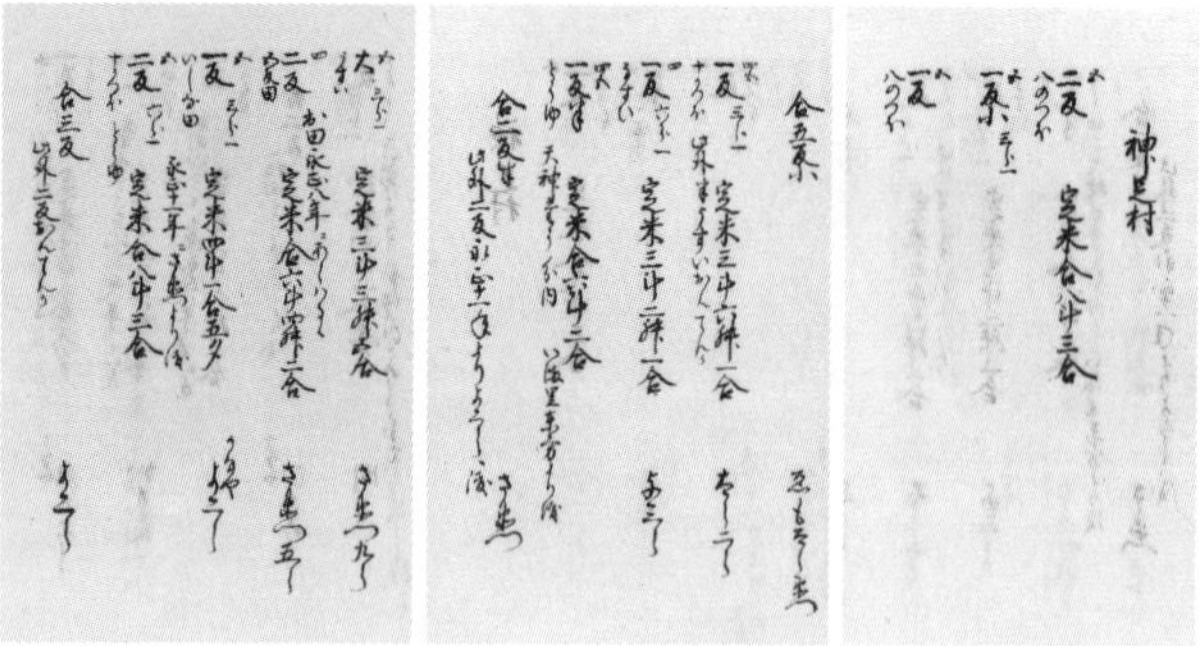

●小塩荘帳写　一五二二年(『九条家文書』)。神足村に「よ二郎」「志ん三郎」「ひこ五郎」三人の「かなや」がみえる。また「勝龍寺」の下に「てらと申」と注記がある。

についてはやはりよくわからない。しかし、「乙訓郡条里坪付図」にみえる「かうたにしろ」と「神たり」との位置関係からすれば、近世の神足村の位置に中世神足村の中心部分があったことはまちがいない。

十六世紀の神足村には鋳物師《いもじ》が住んでいた。一五一九(永正十六)年、大山崎宝積寺の梵鐘を鋳造した鋳物師は「神足掃部《かもん》藤原春広《はるひろ》」であった(『大山崎宝積寺鐘銘』)し、一五二二(大永二)年の「小塩荘帳写」には、神足村に三人の「かなや(金屋)」があらわれる(『九条家文書』、上写真)。また文禄《ぶんろく》年間(一五九二〜九六)、開田天満宮《かいでんてんまんぐう》(のちの長岡《ながおか》天満宮)造営にあたった番匠は神足住人の岩岸弥平次《いわぎしやへいじ》であり、また一五九八(慶長《けいちょう》三)年、同天満宮を修復した大工も神足の者であった(『長岡天満宮文書』)。これらは、細川藤孝の勝龍寺城廃絶後のものであるが、同城の存否にかかわらず、職人の神足への集住が続いている点が注目される。

勝龍寺と同様、西国街道と小畑川の両方に近い立地条件をもつ神足村には、十六世紀を通じて職人の姿が認められる。中世西岡において職人の所在が確認されるのは神足村だけであり、そこに「町」としての性格を認めることは誤りではない。

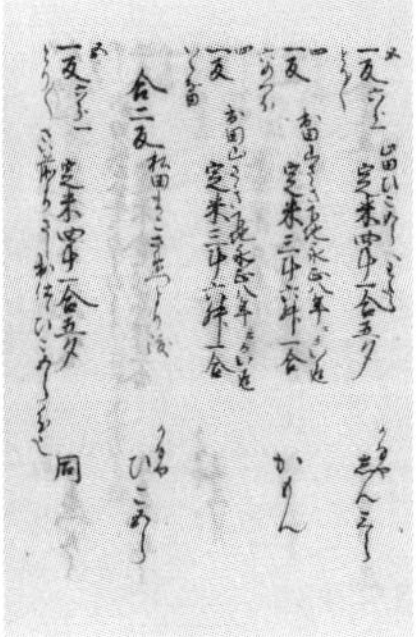

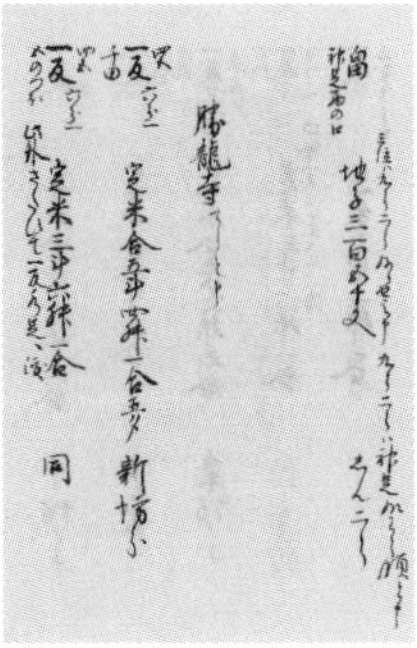

一五三四（天文三）年、神足氏は「神足・古市境《ふるいちさかい》関」と呼ばれる、西国街道上の関所《せきしょ》を領有していた。神足氏が西国街道の流通に関与していたことを示す。神足氏が、早くから「御家人《ごけにん》」として頭角をあらわし、その後も、「御被官人中」や「国」の代表を勤め、西岡でトップクラスの土豪の地位を維持したのは、このような「都市的な場」である神足村を膝下においていたからであろう。

革嶋村と河島寺内

革嶋《かわしま》氏は、田畑の集積を通じて村落支配を進める、西岡の土豪の代表とされてきた。しかし革嶋氏には別の「顔」もある。革嶋氏は、丹後《たんご》国に一族がおり、一五六七（永禄十）年前後には、三好三人衆▲（三好長逸《ながゆき》・三好政康《まさやす》・石成友通《いわなりともみち》）に西岡を追われた革嶋一宣《かずのぶ》らが同国に避難している。また、一五七〇（元亀《げんき》元）年、一宣が海上から越前国の朝倉《あさくら》氏方の諸浦を攻撃したが、これは丹後の一族と協力してのことである。革嶋氏は、西岡に限定されない広い活動範囲をもっていた。

十六世紀初期には、西岡やその周辺の諸階層への貸付けが累積していたらし

▼**三好三人衆**　三好長慶の没後の一五六五（永禄八）年、松永久秀《まつながひさひで》とともに将軍足利義輝を暗殺し、畿内の政権を握る。しかし、三好義継《よしつぐ》（長慶の継子）や久秀と対立するなど、政権基盤は安定しなかった。一五六八（永禄十一）年、足利義昭・織田信長の上洛にともない、政権は崩壊。

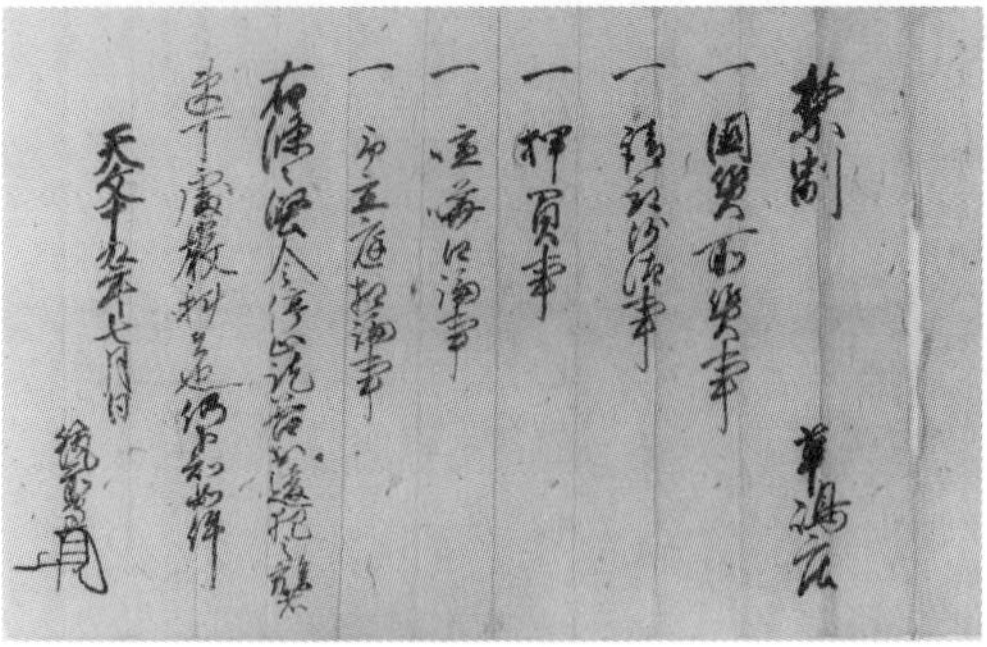

●——三好長慶禁制　一五五〇（天文十九）年七月（『革嶋家文書』）。

く、革嶋氏は、徳政を逃れるため幕府への働きかけを強めている（『賦引付』三）。とりわけ、松尾社《まつおしゃ》が幕府に働きかけて実現しようとした徳政を、免除されたことは注目されるだろう（『革嶋家文書』）。これは、革嶋氏が、幕府から個別に徳政免除を獲得できる社会的力量をもっていたことを意味する。すでに早く一四六五（寛正《かんしょう》六）年、革嶋左近将監《さこんしょうげん》が西岡付近での土《つち》一揆蜂起を「迷惑」と訴えた（一七ページ参照）のも、革嶋氏自身が債権者であったからかもしれない。

　こうした革嶋氏がもつ特性は、やがて、革嶋氏が支配する領域にもおよんでいく。

禁制　　　　革嶋庄

一、国質《くにじち》・所質《ところじち》の事

一、請取《うけとり》沙汰《ざた》の事

一、押買《おしがい》の事

一、喧嘩・口論の事

一、市立庭《いちたてば》相論の事

右の条々、堅く停止《ちょうじ》せしめおわんぬ。もし違犯の族《やから》においては、すみやかに厳科に処すべきものなり。よって下知くだんの如し。

天文十九年七月日

筑前守（三好長慶）（花押）

（『革嶋家文書』、前ページ写真）

国質・所質、請取沙汰▲、押買▲の免除はすべて都市的な特権であり、喧嘩・口論の禁止も同様である。「市立庭相論」の禁止とは、革嶋荘に「市立」てする権利をあたえるものであろう。このような都市的特権は京都の西郊では大山崎と嵯《さ》峨《が》を除けば他に例がなく、革嶋荘がいかに卓越した町場であったかがわかる。そして、この文書が革嶋氏に伝来したことから明らかなように、この特権は革嶋氏に由来するものであった。

さらに、革嶋荘（村）の東隣の河嶋《かわしま》村には、戦国末期、一向宗寺内町《いっこうしゅうじないちょう》▲が成立していた。

一五六八（永禄十一）年十一月、上洛《じょうらく》直後の足利義昭《あしかがよしあき》がだした禁制によって、「辻河島寺内」は、国質・所質、請取沙汰、喧嘩・口論、押買、市立庭争（相）論を禁止するという特権を認められた。このとき、同時に、「当寺内沙汰人中」宛

▼**請取沙汰**　本来、その裁判（沙汰）に関係のない第三者が一方の当事者となり、裁判を有利に進めようとする不法行為。この場合は、裁判ではなく債権を譲り受けた第三者による不法な質取り行為をさす。「付沙汰《つけざた》」も同じ。

▼**押買**　売主の意向を無視して、無理矢理、商品を購入しようとすること。

▼**一向宗寺内町**　当時、一向宗と呼ばれた浄土真《じょうどしん》宗（本願寺《ほんがんじ》派）の寺院を中心に開かれた町。河内《かわち》・摂津《せっつ》・近江《おうみ》などに多数成立したが、延暦寺《えんりゃくじ》や法華《ほっけ》宗の影響力の強い京都近郊ではほとんど例をみない。場所は近世の久遠寺境内付近と予想される。

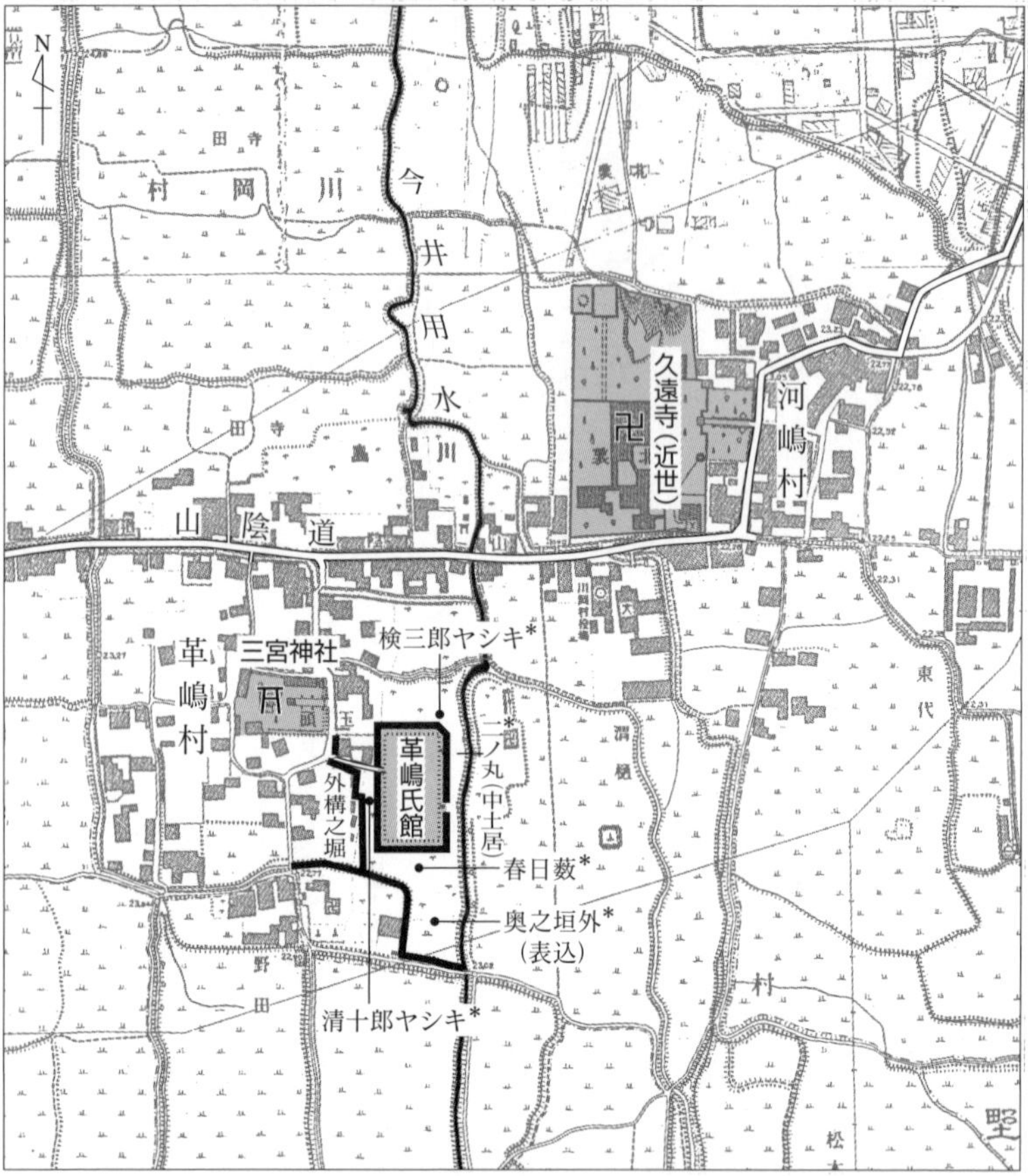

●——**革嶋村と河嶋村**　参考：「革嶋氏屋敷図」「革嶋氏屋敷絵図」(『革嶋家文書』)。なお＊付の地名は参考絵図に記されたもの。
革嶋荘には南荘(近衛家領)と北荘(山科家領)があったが，実際には，今井用水を境に東西に立地していたと想定される(西側が南荘)。このうち，東側の集落を「河嶋村」と呼ぶことが多く，源姓革嶋氏とは別に，土豪として平姓河嶋氏がいた。しかし，戦国期には革嶋氏は河嶋氏を併合し，地名としても革嶋と河嶋は混同して使われる。ただ，「辻河嶋」と明示された場合は，東側の河嶋(村)をさすことはまちがいない。

河嶋寺内の性格と場所については，現在の川島集落にある久遠寺(浄土真宗本願寺派，西山別院)の寺伝では，本願寺三世覚如が久遠寺を建立し，晩年居住したが，その後，寺は退転し，草庵のみが残ったという。また永禄年間，周善坊が道場を建立したというが確かなところは伝わっていない。このことは，河嶋寺内の興隆が本願寺ではなく，地元河嶋村の住人によって主導されたことを意味する。

寺内の場所については，西国街道の屈曲部にあたる，現在の久遠寺の境内とその周辺と推定される。

に、「河島寺内市立て」を義昭が認可したので、「相立」てるように、という命令がくだされている(『諸国御坊記《しょこくごぼうき》』など)。

足利義昭・織田信長《おだのぶなが》が上洛した一五六八年九月現在、革嶋一宣は丹後国に没落していた。そこで、「寺内沙汰人中」の積極的な働きかけによって「寺内」の「市立て」がなされて特権があたえられたのである。ただし、「寺内」はこれ以前から存在した。同じ一五六八年の二月には、「城州葛野《かどの》郡西岡河島寺内」が三好三人衆から禁制をえている(『四箇別院沿革縁由《しかべついんえんかくえんゆ》』)。

この河島寺内をめぐる一連の運動と革嶋氏・革嶋村の関係については不明である。だが、当地が、山科《やましな》寺内町▲焼亡(一五三二〈天文元〉年)後、山城《やましろ》国内では唯一の一向宗系寺内町の設立▲を可能にするような経済流通上の拠点であったことはまちがいない。

「都市的な場」と土豪

西岡にはこのほかにも「都市的な」性格をもつ「場」がいくつかある。

物集女村の村内をとおる物集女縄手は、西国街道と山陰道《さんいんどう》を結ぶ街道である

▼**山科寺内町**　十五世紀末に蓮《れん》如《にょ》が開いた山科御坊を中心に発展した寺内町で、本願寺の本山《ほんざん》が立地した。周辺の山科七郷の中心都市としても栄えたが、天文の一向一揆に際し、京都の法華宗徒らによって焼き討ちされた。こののち、本願寺は摂津大坂(石山《いしやま》)に寺地を移す。

▼**寺内町設立の背景**　革嶋氏が在地にいなかったため、百姓らが政治的力量を発揮し、それが一向宗に結びついて寺内町設立にいたった可能性もある。

▼**塩合物**　腐らないように塩漬けにした魚類。腐敗防止技術を欠く中世の京都内外においては、食用魚の多くは塩合物であった。

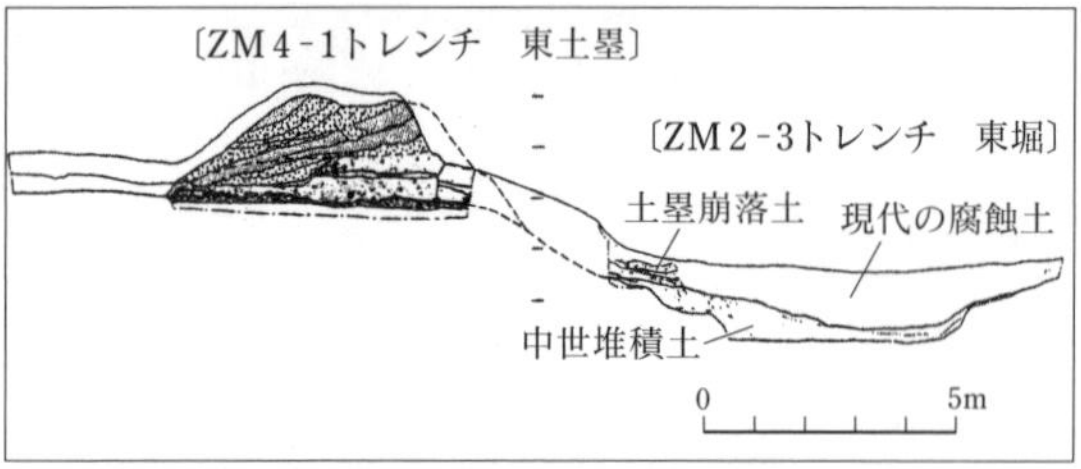

●──**物集女城主郭部東側の土塁と堀の断面**（國下多美樹氏の原図を一部改変）

ことから、中世においても一定の交通量があったと想定される。一五四二（天文十一）年には、「物集目（女）」に新市を立て、塩合物《しおあいもの》▲を商売していると、塩合物西座商人から訴えられている（『別本賦引付』）。市立ての主体は物集女氏であったろう。

物集女城は西岡の土豪居館のなかで最大規模を誇る。南北六〇メートル、東西五〇メートルの主郭部を中心に、西側に城域が広がっていた。主郭部東側の土塁と堀はよく保存され、堀の水は東側に広がる耕地の用水として利用されている。物集女城の北東部で、物集女縄手は、西国街道と山陰道を東西に結ぶ道と交差する。この付近が新市の場所にあたるだろう（上図・次ページ図）。

寺戸《てらど》村は、西岡の精神的中心である向日《むこう》神社や、西国街道と物集女縄手の分岐点にほど近い要衝であった。トップクラスの土豪である野田氏をはじめ、竹田・小畠など、複数の土豪の存在が知られ、西岡のなかでも規模の大きい集落の一つであったと考えられる。

一五一一（永正八）年、寺戸村の竹田《たけだ》又六《またろく》が山崎から京都への塩合物の「通馬《かよいうま》十疋」の権利と、山崎《やまざき》口・竹田口（鳥羽の作り道、京都市伏見区竹田付近）・木幡《こわた》口

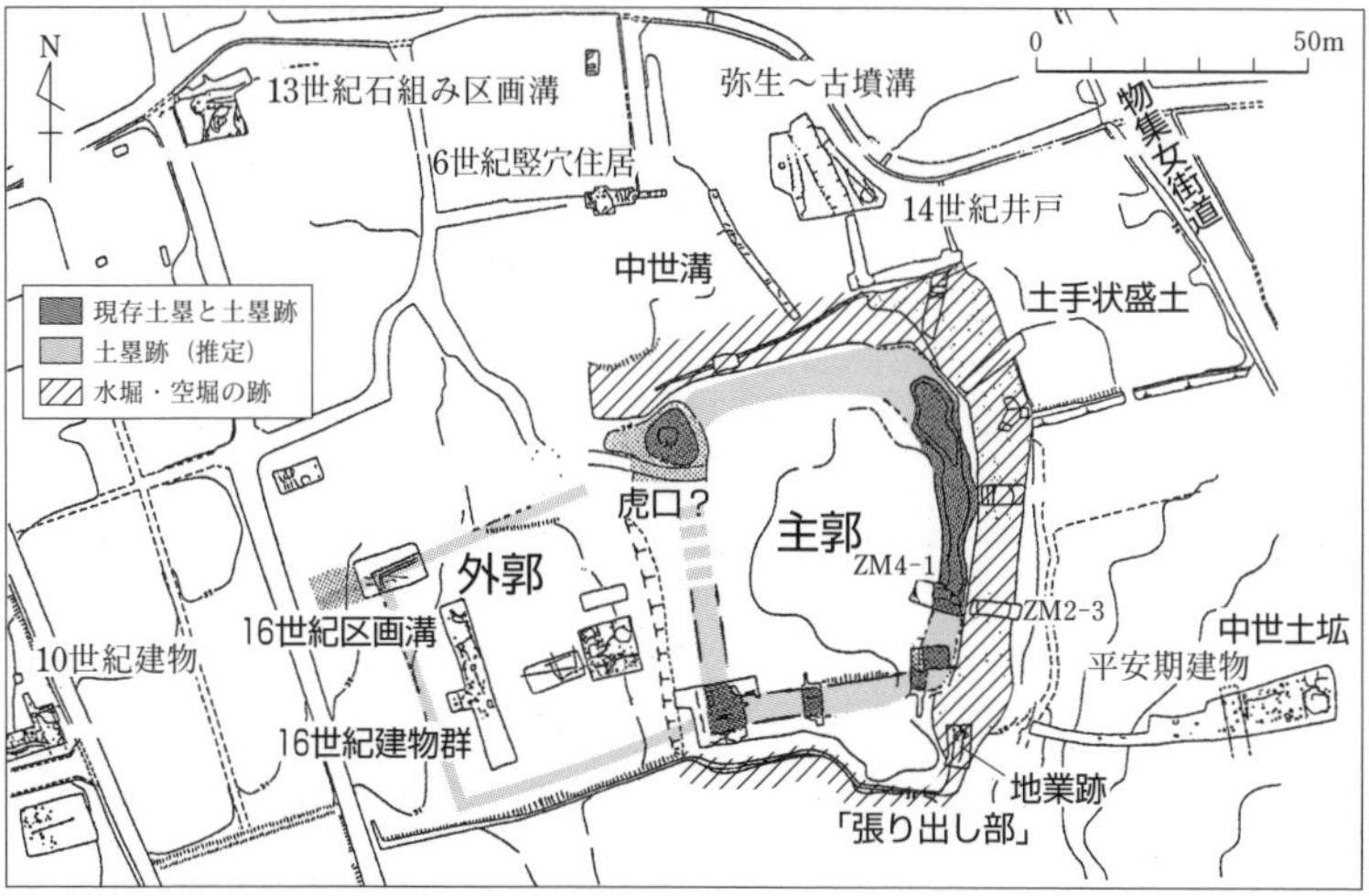

●—物集女城と周辺の発掘調査成果（國下多美樹氏の原図を一部改変）

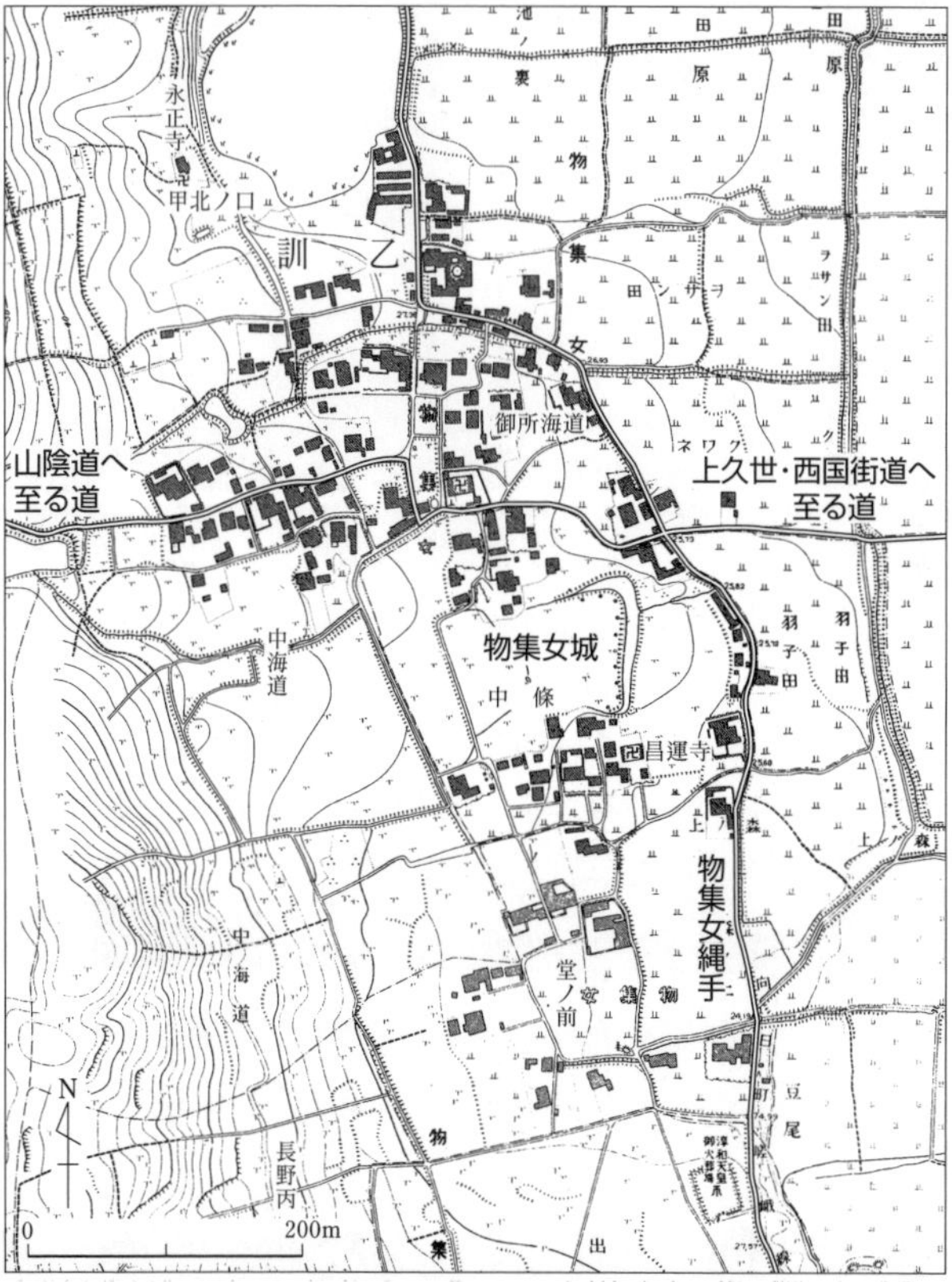

●—物集女城と物集女村　向日丘陵(西岡)から流れ出る小河川が形成した扇状地の上に城と村は立地する。中世前期まで、集落は小字「御所海道」「中海道」「中条」に分散的に広がったが、戦国期には、北側の現集落と南側の城域に集約したらしい。なお、城域は扇状地最先端の主郭・外郭だけでなく、さらに西の区画にも広がっていたと推定されている。

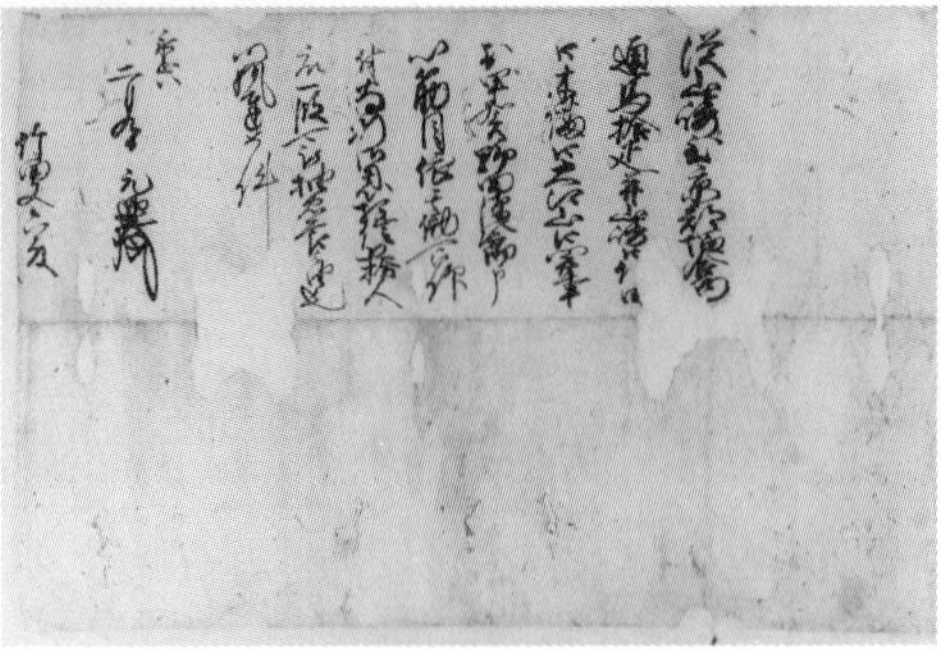

●——飯尾元運奉書　一五一一年二月九日（『東寺百合文書』）。

▼五拾人衆　竹田又六配下の武装した商人・馬借集団であろう。

▼たち場（立場）　塩を独占的に販売することができる場所（領域）が権利となったもの。立場の権利をもっていなければ、販売できなかった。

（奈良街道、宇治《うじ》市木幡付近）・大江山口《おおえやまぐち》（山陰道、京都市西京《にしぎょう》区樫原《かたぎはら》付近）での関《せき》銭《せん》徴収権を新恩としてあたえられた。そして「五拾人衆▲」を動員して、一層忠節に励むよう、細川高国《たかくに》から命じられている（『東寺百合文書』、上写真）。一五二七（大永七）年には、寺戸の衛門三郎《えもんさぶろう》が寺戸の新次郎を幕府に訴えた。新次郎が塩の駄賃《だちん》を払えなかったため、嵯峨・高雄《たかお》などの在々所々の「たち場▲」を衛門三郎に売却していたが、今回の徳政の際に新次郎がそれらを取り返そうとしたという（『賦引付』など）。新次郎が京都西郊の塩「たち場」を広く支配する商人であり、衛門三郎も同様の商人兼運輸業者であったことがわかる。こうした塩や加工品の流通にかかわる人びとが寺戸村の住人のなかに多くいたのである。

一五九二（天正二十）年、寺戸村・鶏冠井村などを母体に、西国街道上に向日《むこう》町《まち》が誕生した。そのための基礎的な条件は、戦国時代に築き上げられていたといえよう。

このように、西岡の村々のうち、交通上の要衝にあるものは流通の結節点となっていた。そうした村には、職人や商人・運輸業者が存在し、「都市的な場」としての性格をもっていた。そして重要なことは、そうした「都市的な場」に本拠をおく土豪がいずれも、西岡でトップクラスに成長していたことである。

⑤—「国」・「所」と天下統一

一五四九(天文《てんぶん》十八)年六月、三好長慶《みよしながよし》は将軍足利義晴《あしかがよしはる》と、実質的な幕府管領《ばくふかんれい》であり、西岡《にしのおか》の支配者でもあった細川晴元《ほそかわはるもと》を近江国《おうみのくに》に追放した。

長慶が樹立した三好政権は、摂津《せっつ》国芥川《あくたがわ》城▲(高槻《たかつき》市)や河内《かわち》国飯盛山《いいもりやま》城▲(四條《しじょう》畷《なわて》市・大東《だいとう》市)に拠点をおき、畿内《きない》を中心に丹波《たんば》・播磨《はりま》から四国におよぶ領国を統治した(次ページ図)。しかし、長慶は芥川などで城下町《じょうかまち》を経営せず、摂津尼《あまが》崎《さき》や堺《さかい》などに勢力を伸ばし、本願寺《ほんがんじ》・寺内町《じないちょう》と関係を強化するなど、既存の都市・流通ネットワークを積極的に掌握することに力をいれた。京都においては、地縁的な町共同体とその連合組織である惣町《そうちょう》▲(上京《かみぎょう》中・下京《しもぎょう》中)を支配の基盤とし、みずからをそれらの上位に位置する「公」として認めさせようとした。こうした新しい支配方法は織豊《しょくほう》政権にも継承される。

三好政権と「国」

阿波《あわ》国(徳島県)出身の三好氏を畿内において支えたのは、摂津国衆《くにしゅう》と西岡の国衆であったといわれる。だが、西岡にはさまざまな武家《ぶけ》の被官《ひかん》が混在したた

▼**芥川城**　阿波国を本拠とする三好長慶が、京都支配のために摂津国に築いた山城《やまじろ》。丹波へ続く急峻な山中に立地した。

▼**飯盛山城**　芥川城の次に、河内方面への進出を意図して三好長慶が本拠とした山城。生駒《いこま》山地の山中に立地。

▼**惣町**　都市全域を範囲とする地縁的共同体で、町《ちょう》(個別町)の集合体。戦国・織豊期の権力はこの惣町を掌握することであらたな都市支配を展開しようとした。

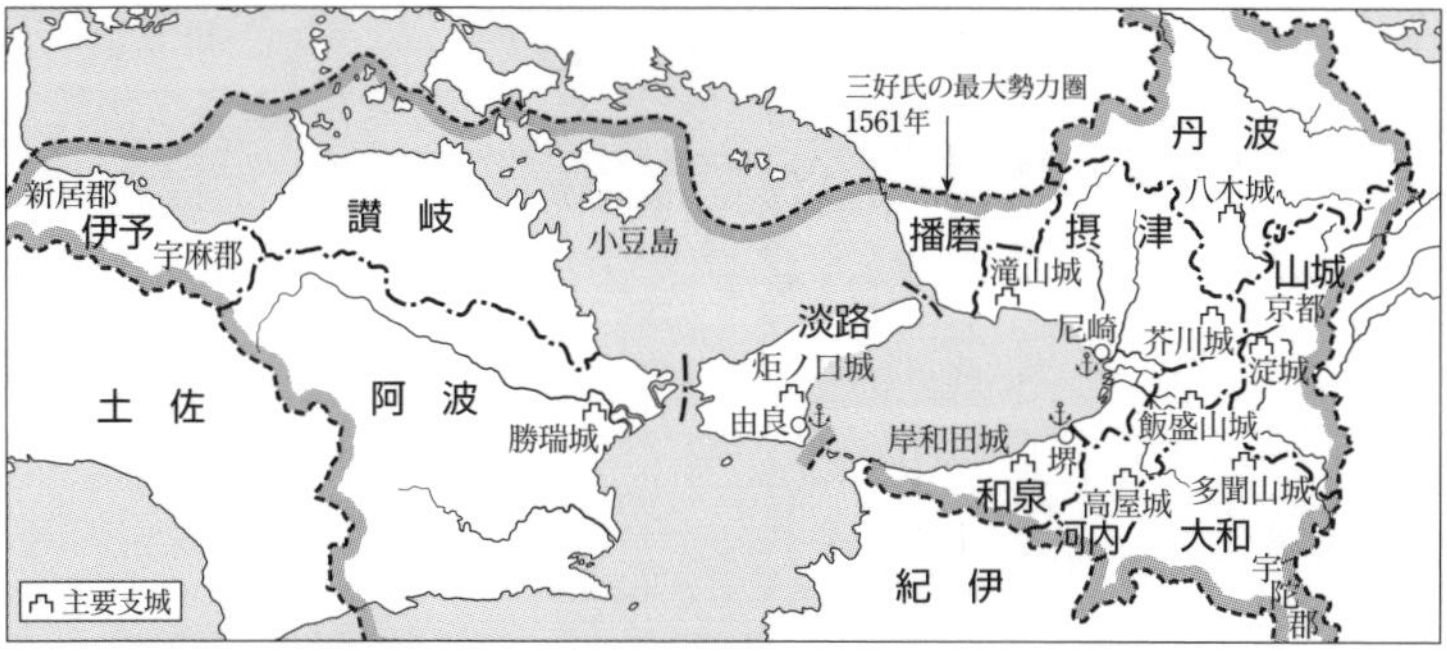

●──三好政権の最大勢力圏（今谷明『戦国三好一族』より）

め、一元的な支配は困難であったとして、その限界性が指摘されることもある。しかし、被官化、主従制の強化にのみ権力支配の浸透をみる評価基準は、西岡にはなじまない。

一五五〇（天文十九）年、西岡の土豪《どごう》たちは、山崎《やまざき》口の封鎖に専従しており、三好長慶のもとに参陣できない理由を説明する連署《れんしょ》書状を書いた。そして、「この旨、両人よりも御意《ぎょい》を得らるるのよし候」と述べている。日下《にっか》に高橋頼俊《よりとし》、その次に神足《こうたり》代治家《はるいえ》が署名し、その後、竹田《たけだ》・能勢《のせ》・石原《いしはら》・八田《はった》・志水《しみず》・小野《おの》氏の一一人が連署し、最後（奥）に野田《のだ》代秀成《ひでなり》が署判をすえている（『増野春氏所蔵文書』）。神足と野田が代理人になっているのは、本人たち（「両人」）が長慶のもとに参上し、直接、「御意を得」ていたためであろう。ここで、日下の高橋氏と「両人」（神足・野田）がならべば、「国」の三人の代表者が、この連署書状でも中心的な地位を占めていたことになる。

連署者のなかには、細川高国《たかくに》・細川晴元や三好元長《もとなが》の被官だった国衆が含まれている。長慶は、こうした個別の主従関係を克服し、西岡の土豪を広く編成するために「国」の組織を利用しようとしているのである。

三好政権の西岡へのアプローチをさぐるうえで興味深いのが、今里《いまさと》村と上植《かみうえ》野《の》村間の用水相論《そうろん》である。小畑川《おばたがわ》からは、右岸の今里村（長岡京《ながおかきょう》市）、左岸の上植野村がそれぞれ用水をえていた。ところが、一五五三（天文二十二）年、用水の取水口をめぐって相論が発生した。野田光政《みつまさ》・八田兼政《かねまさ》・調子武吉《ちょうしたけよし》ら「国之面々」が「仲分衆《ちゅうぶんしゅう》」となって調整を行った結果、一応の決着をみた。ところが、翌一五五四年、相論は再発する。

最初は、前年と同じように相論が「国」に提起されたが、国衆たちには「仲分」できなかった。そこで彼らは相論を多羅尾綱知《たらおつなとも》▲のもとへ持ち込んだ。綱知は、摂津国芥川城の長慶に上裁をあおぎ、長慶からは用水を「半分ツ、申し扱うべきの旨」、裁定がくだった。そこで綱知と国衆が上植野の村人の説得を試みたが、上植野方は実力行使しようとする姿勢をみせる。この段階で国衆は説得を断念したらしい。結局、綱知が今里村・上植野村の双方から付託をえ、再度、長慶の裁許をあおぐことになった。芥川城で審問が行われ、翌日には、小畑川で実地検証が行われた。その結果、今里村の勝訴が確定し、長慶は今里郷惣《そう》中《ちゅう》に宛てて、今井用水の進退を保障する裁許状▲をあたえたのであった（『能勢久《ひさ》

▼多羅尾綱知　三好政権の西岡担当奉行《ぶぎょう》のような地位にあったと想像される。

▼三好長慶裁許状　上位の権力（将軍など）をいただかず、みずからが最高権力者として下知《げち》する形式の文書。細川政権とは異なる、三好長慶の権力の性格を物語る。

●──今井用水相論裁許記録写（『正木彰家文書』）。江戸時代、今里村が今井用水をめぐる相論に際し、自村の正当性を主張するため、戦国時代の古文書を整理して記したもの。

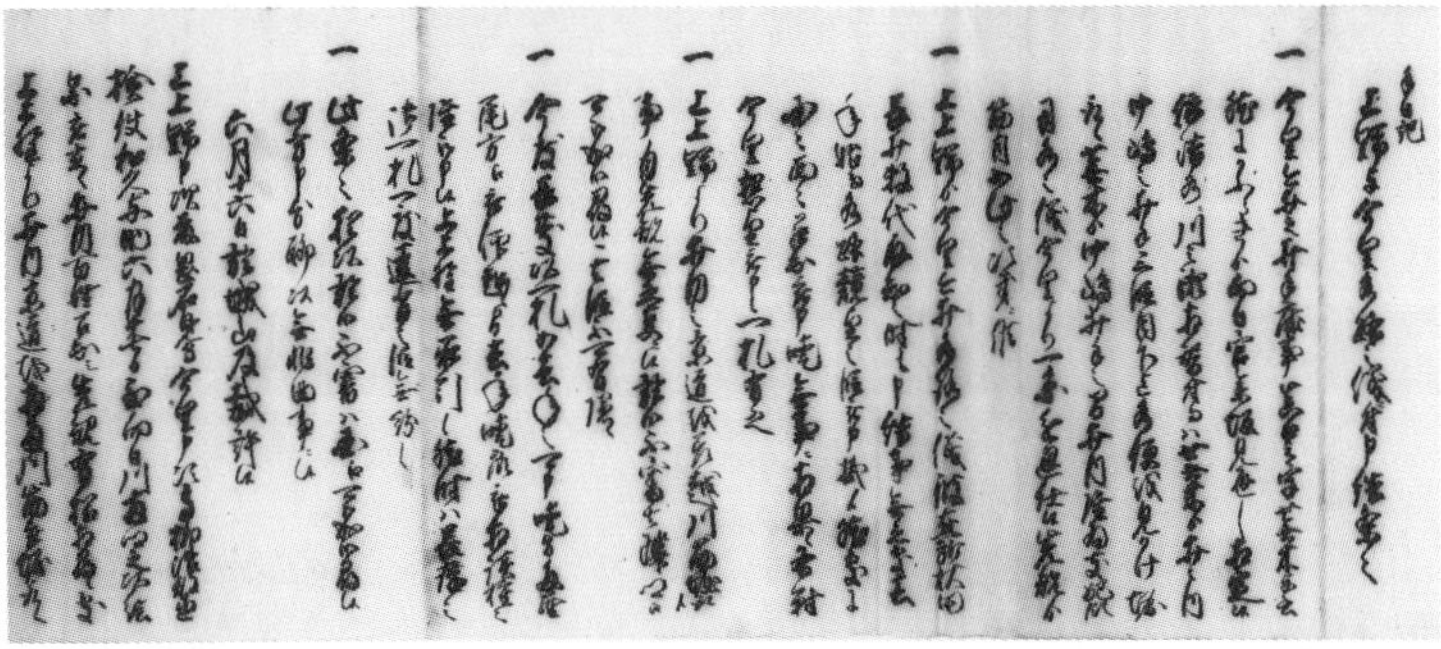

嗣《つぐ》家文書』『正木《まさき》彰《あきら》家文書』、上写真)。

この相論の過程を見る限り、「国」や国衆の力量低下は明らかである。今里村が記した「手日記」によれば、「彼在所(上植野)、秋《あき》田《た》長《なが》井《い》数代存知の時も(はカ)申し結ぶ事、これ無きのところ、去年、はじめて水路競望の段、申し掛けられ候」とあり、秋田長井氏(土豪)が上植野村を支配している段階では、このような用水相論は発生しなかったとしている。

一五五三年については、「国々面々」によって「仲分」されたことになっているが、このときの裁許結果を今里村に知らせる書状では、国衆とならんで茨《いばら》木《き》長《なが》吉《よし》が署名している。長吉は摂津国茨木氏の一族と考えられる。翌一五五四(天文二十三)年の相論では、国衆が早々に中分を諦めたのに対し、多羅尾綱知をはじめ、長慶の家臣らによって現地調査がなされ、裁許にいたった。最終的な判断にあたって、国衆の出番はなく、隣郷の百姓に証言を求めるなど、独自の裁判システムが適用されている。そして、裁許結果は今里郷の能勢氏ではなく、惣中に宛ててくだされているのである。

三好政権は、「国」の自律的な裁許機能を尊重しながらも、そのシステムのな

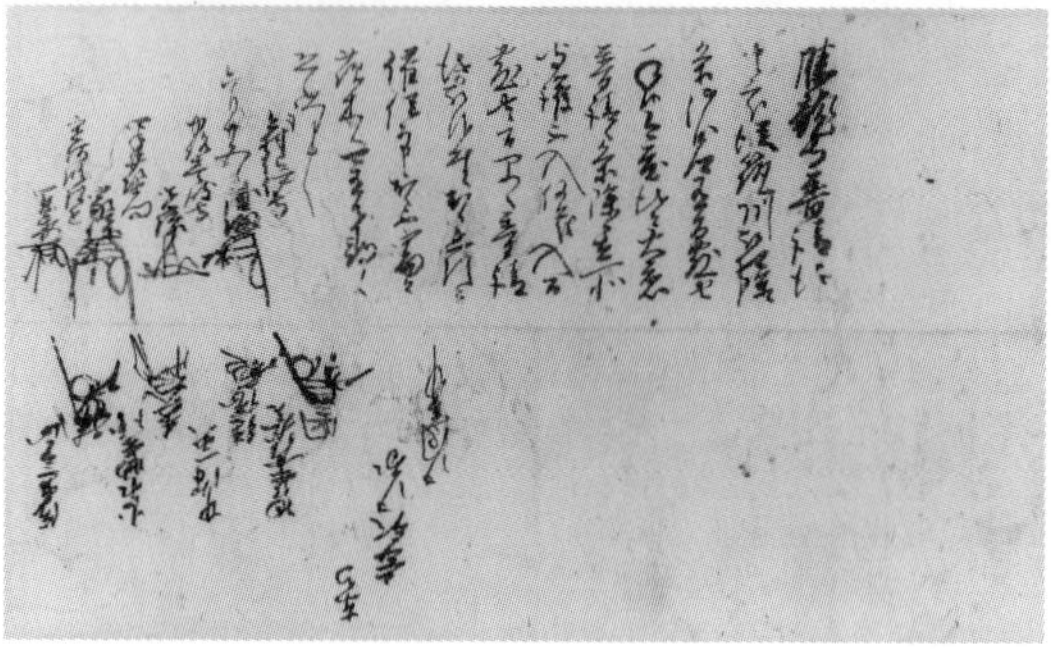

●──物集女国光等連署書状　年未詳六月二十五日（『東寺百合文書』）。

かに食い込んでいき、一五五四年には、「国」が実現できなかった裁定を、より上位の立場からくだした。その際、国衆の力に必ずしも頼らず、より合理的な裁定システムを提示することで、直接、村（郷）に正当性を承認されようとしたのである。

「国」という用語は史料上、この一五五四年の相論を最後に消える。

中心核としての勝龍寺城

一五五九（永禄《えいろく》二）年ごろ、次のような文書が▲東寺《とうじ》に届けられた（上写真）。

勝龍寺《しょうりゅうじ》普請《ふしん》の儀申し候ところ、筑《ちく》州より相除かれ候条、御沙汰《ごさた》有るまじきよし承り候、今度の儀は、火急の普請候条、御在所を除き、守護不入いずれも入るまじきよし候間、早々普請の儀仰せ付けらるべく候、御遅引《ごちいん》においては、催促申すべく候、御不審においては、茨木へ御尋ねあるべく候、恐々謹言、

六月廿五日　　今村紀伊守　慶満（花押）

中路壱岐守　光隆（花押）

四手井左衛門尉 家保（花押）
寒河修理亮 運秀（花押）
渡辺市正 勝（花押）
小泉助兵衛 秀清（花押）
中沢一丞 継綱（花押）
物集女孫九郎 国光（花押）

東寺
年預御房
御同宿中

（『東寺百合文書《ひゃくごうもんじょ》』）

勝龍寺城の要害普請にあたって、東寺領の守護不入特権を侵して百姓を動員しようとしている。中路《なかみち》（郡《こおり》村）、寒河《さむかわ》（上久世《かみくぜ》村）、渡辺（下津林《しもつばやし》村）、中沢《なかざわ》（大原野《おおはらの》村）、物集女《もずめ》ら西岡の土豪のあいだに、今村、四手井《しでのい》、▲小泉ら、三好長慶の近臣が挟み込まれている。そして、文書の奥に物集女、日下に今村が位置し、両方の集団を代表する人物が要所を押さえている。西岡の軍事的中心であった勝

▼**勝龍寺城の「築城」時期**　これが、勝龍寺（寺院）を「間借り」するのでなく、独立した勝龍寺城の「築城」を明確に確認できる最初のものである。一五五九年と想定したい。この年六月、三好長慶方は摂津国をはじめ畿内近国の兵力を大規模に動員して河内国攻撃の準備を行っていた。三好方としては、背後を固めるため、山城国ののど元をおさえる勝龍寺に恒久的な城郭を必要としたのではないか。このように考えれば、表「史料にみえる勝龍寺と勝龍寺城」（六〇～六一ページ）にみえるように、今村《いまむら》慶満《よしみつ》が一五六〇年、一五六二年と勝龍寺城を活用していることもうまく説明できる。

▼**四手井氏と小泉氏**　四手井氏は小塩荘《おしおのしょう》の代官《だいかん》を勤め、小泉氏も同荘に関係をもつことが知られている。

龍寺の性格を前提に、あらたに勝龍寺城を築き、地域社会の安全保障を、土豪たちと三好氏の近臣グループが共同で担う形式になっている。

では、三好氏による土豪の編成は主従制の深化として説明できるのであろうか。一五六二年、将軍足利義輝《よしてる》を擁する三好長慶方は近江六角《おうみろっかく》氏▲に攻められて京都を維持できなくなり、勝龍寺城や八幡《やわた》に撤退した。そして、「西岡諸郷中」に対して、「忠節」をつくすなら徳政《とくせい》の「高札」を打つ、として挙兵をうながしている(『蜷川家《にながわけ》文書』、上写真)。従来と同様、三好氏が西岡から広く軍事動員する際、土豪を被官として徴発するのではなく、徳政を条件に一揆蜂起をうながさなければならなかったのである。すなわち、軍事動員面でも三好政権は、西岡を単位とする結集を前提とし、その地域的まとまりを利用したのである。

一五六四(永禄七)年、三好長慶が死没し、翌六五(同八)年、将軍足利義輝が三好三人衆や松永久秀《まつながひさひで》に暗殺されると、西岡における地域秩序も動揺をきたす。一五六六(永禄九)年、三好三人衆に対抗して、中沢満房《みつふさ》(大原野村)などが勝龍寺城に入城し、革嶋一宣《かわしまかずのぶ》も反三人衆方についた(『中沢文書』など)。しかし、三人衆方によって勝龍寺城は陥落し、あらたに石成友通《いわなりともみち》が入城した。敵方に対す

▼**六角氏**　近江国南半国を本拠とする戦国大名。当時、六角義賢《よしかた》(承禎《じょうてい》)は軍事力を背景に京都の政治に強い影響をあたえていた。

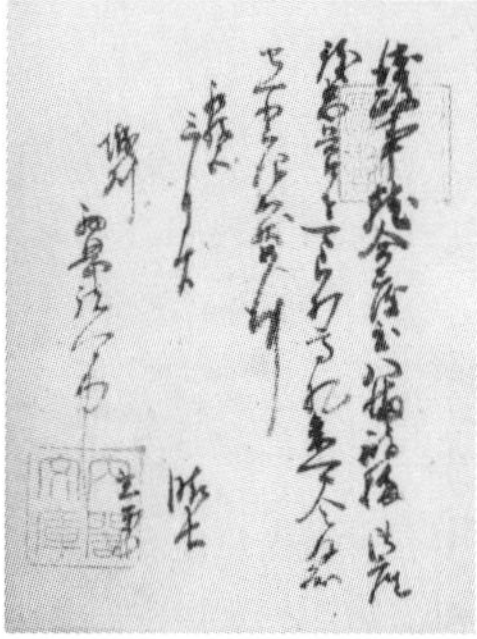

●―**室町幕府奉行人連署奉書案**　一五六二年三月十日(『蜷川家文書』)。

●――和久是徳書状　一五六七年三月六日（『随心院文書』）。和久是徳は三好氏家臣で、小塩荘の代官。「世上雑説」（三好義継が松永久秀方に付いたこと）なので、西岡表の明き所を申しつけるとしている。

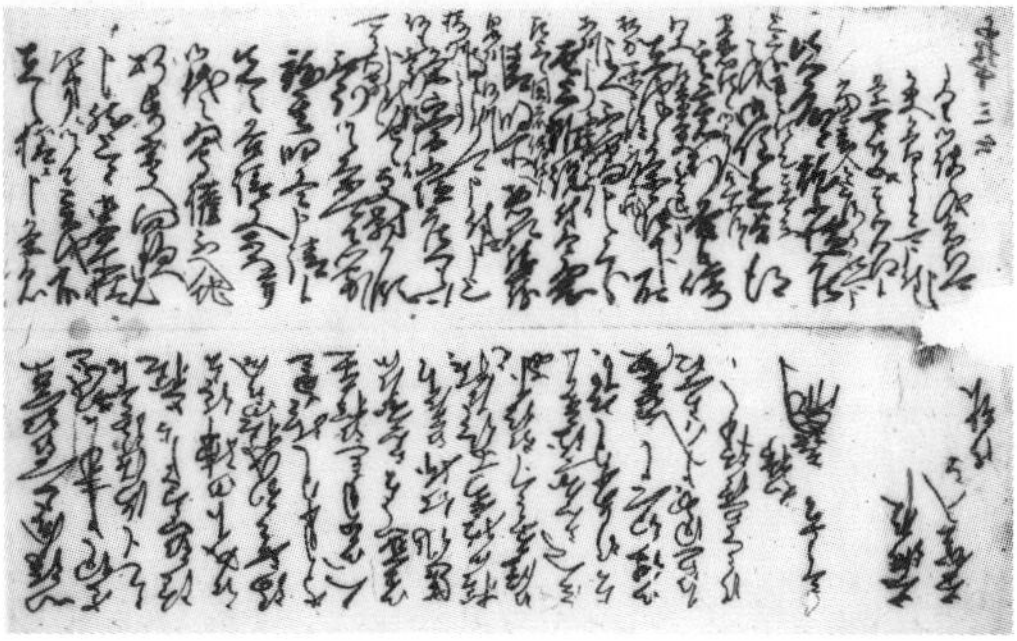

る友通の追及は厳しく、多くの土豪が所職を取り上げられ、革嶋一宣は丹後《たんご》国まで避難している（『革嶋家文書』）。

翌一五六七（永禄十）年、石成友通は、「西岡表《おもて》の明《あ》き所へ、惣次《なみ》、勝籠（龍）寺より申し付」けようとした（『随心院《しんいん》文書』、上写真）。西岡の荘郷《しょうごう》のうち、土豪が追放されたりして無主となっている所職を、勝龍寺城の友通からいっせいに（新しい領主に）給与しようというのである。広く西岡規模で所職の改替をめざす友通の政策には、西岡という地域を単位に新しい支配を展開しようとする姿勢がみられる。

そうしたなかで、友通が勝龍寺を居城としたことの意味は大きい。それまで勝龍寺は、戦時にのみ国衆らが籠もる存在であったが、三好政権によって「城」として整備され、友通がはじめて城主となって西岡支配を開始した。政治組織としての「国」の実態は失われたが、「国」という地域のまとまりは、勝龍寺城を中心とする友通の支配領域として生き続ける。そして国衆の結集拠点であった勝龍寺を居城とすることで、友通は西岡の「正当な」領主として認められ、支配を展開できたのではなかろうか。

●織田信長禁制　一五六八年九月(『離宮八幡宮文書』)。

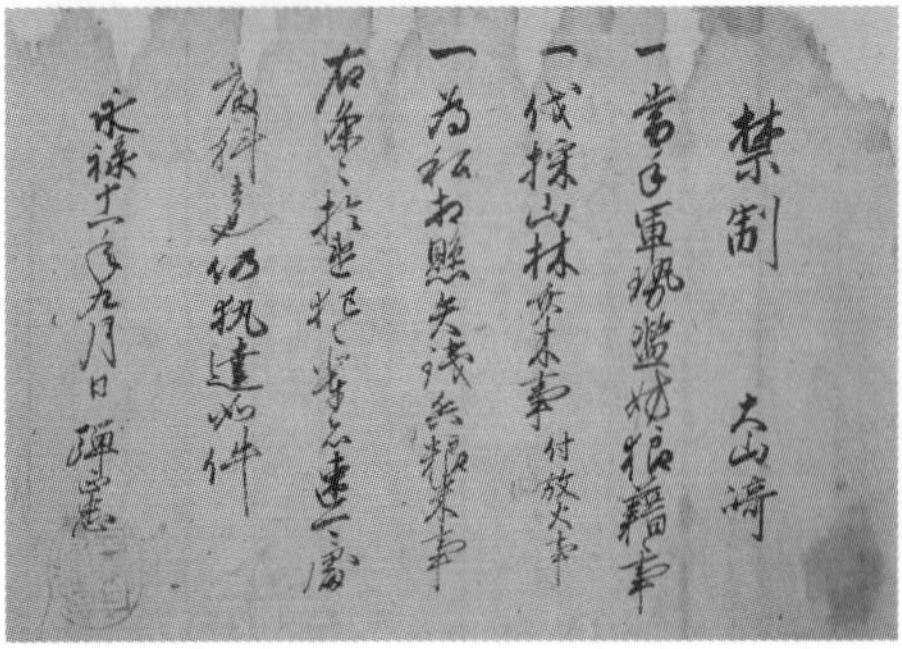
禁制　大山崎
一　当手軍勢濫妨狼藉事
一　伐採山林竹木事　付放火事
一　為私相懸矢銭兵粮米事
右条々於違犯之輩者速可処
厳科者也仍執達如件
永禄十一年九月日　弾正忠

▼**矢銭**　矢を調達する費用を意味し、兵粮米とならぶ、代表的な軍事課税。おもに町場に賦課された。

勝龍寺城の石成友通が、西岡の土豪たちを一定度、結集することに成功していたことは、一五六八(永禄十一)年、明らかとなる。足利義昭《よしあき》を擁して上洛《じょうらく》した織田信長《おだのぶなが》は、畿内の大半を短時日のうちに制圧したが、信長の攻略戦で抵抗らしい抵抗をしたのは二城だけだった。池田氏の摂津国池田城と石成友通が籠もった勝龍寺城である。このとき、勝龍寺城には、物集女氏など西岡の土豪たちが入城していたことが推測されている。

直轄都市・大山崎

三好・織田政権期、大山崎《おおやまざき》は以前にも増して多くの禁制《きんせい》を獲得した(五〇～五一ページ表、上写真)。その内容は、(1)濫妨狼藉《らんぼうろうぜき》の禁止、山林竹木伐採の禁止などの安全保障、(2)矢銭《やせん》▲・兵粮米《ひょうろうまい》などの都市的課税の停止、(3)押買の禁止など、商業取引の安定化、(4)所質《ところじち》・付沙汰《つけざた》の禁止など、大山崎商人がトラブルに巻き込まれることの抑止、(5)荏胡麻《えごま》油の独占的特権の認定などからなっている。このほか、徳政免除特権も継続して獲得しているが、これらの点に、当該期の大山崎が直面していた問題点が集約されているといえよう。都市としての繁栄が続く一方、油商人など、多様な商人が京都をはじめ、各地で商業活動にかかわっていたのである。そして、三好・織田政権とともに、そうした大山崎の発展を積極的に援助しようとしていた。

しかし、一五六八(永禄十一)年、織田信長らの上洛の際には、石成友通方の軍勢の一部が天王山《てんのうざん》に籠城したこともあり、大山崎は信長軍の略奪を受けた(『言継卿記《ときつぐきょうき》』)。そのため、在所「滅亡」の危機さえ予感された。

このたび大乱につき、惣中御賄(賄《まかな》い)相調わざるにより、おのおの御斟酌《しんしゃく》、もっとも余儀なく候、この分に候はば、在所滅亡たるべく候、今一度御出なされ、相続せらるべく候、惣中御要脚の儀については、いかようの儀、仰せ出され候といえども、老若一味同心申し、馳走申すべく候、もし異儀におよばるる仁躰《にんてい》、これあるにおいては、たとひ親類・縁類たりといえども、その前を顧みず、末代、傍輩を絶ち申すべく候、
両社も御照覧候へ、さらに相違あるべからざるものなり、よって連署くだんの如し、

永禄拾壱年十二月吉日

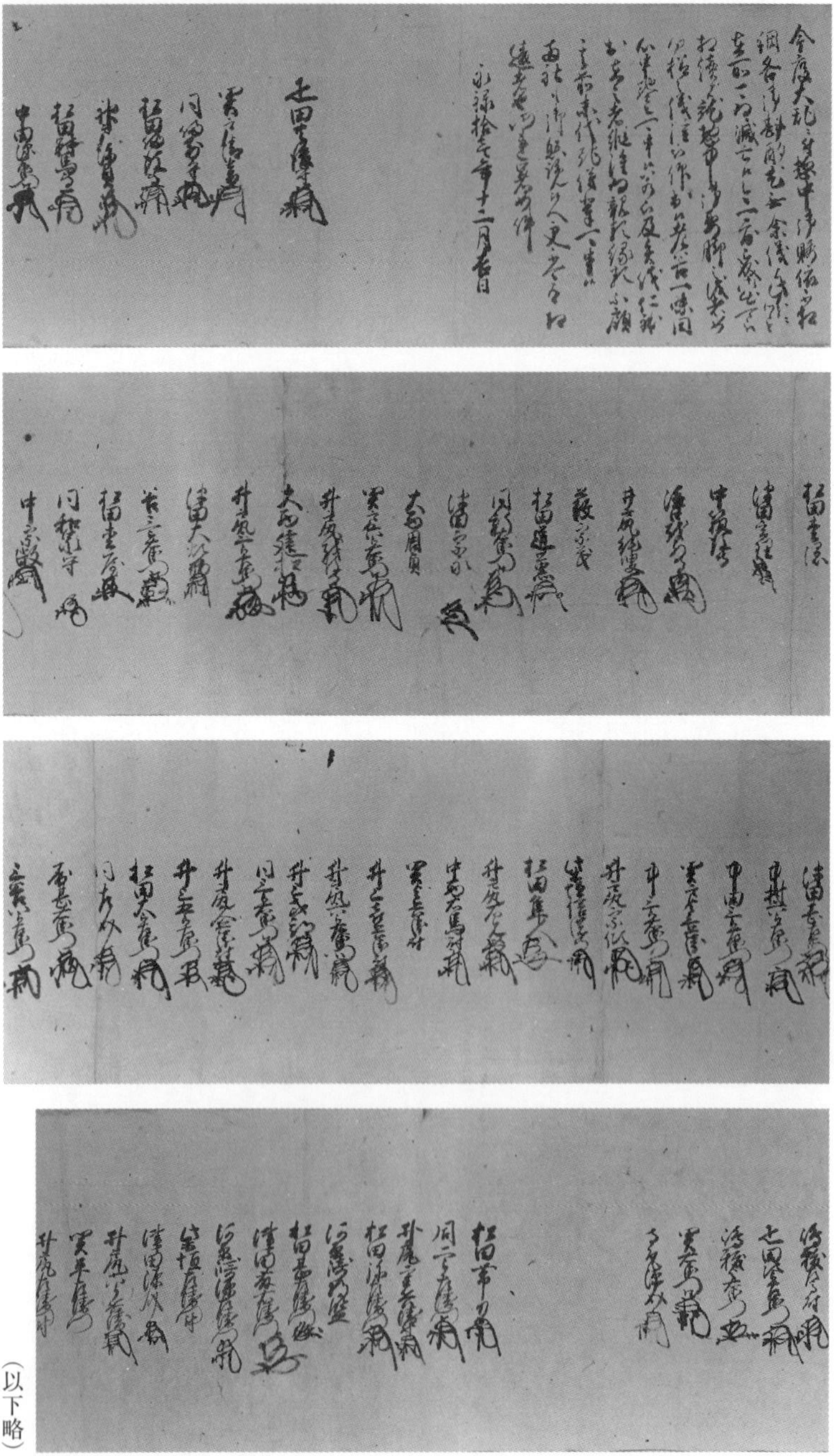

（以下略）

●──大山崎惣中連署起請文　1568（永禄11）年12月（『離宮八幡宮文書』）。

（以下、署名一七五人）
（『離《り》宮《きゅう》八幡宮《はちまんぐう》文書』、前ページ写真）

信長軍による劫掠《ごうりゃく》、その後の禁制獲得のための礼銭の過重負担などに直面し、大山崎住人の多くが惣中から離脱しかねない状況であったのだろう。惣中への再結集と宿老《しゅくろう》・若衆《わかしゅう》一味同心による礼銭の調達を呼びかけ、協力しない者に対する制裁を規定している。一七五人という署名者数は、当時の大山崎の都市共同体の正規メンバー（女性、下級身分の人を除く家長）のかなりの割合をカバーしているだろう。まさに「在所」の危機にあたって「惣中」への求心力を高めることに成功したのである。

ただし、「惣中」（都市共同体）への結集が都市の自治につながるわけではない。三好政権と違って織田政権は、和泉堺《いずみさかい》や近江大津《おおつ》と同様、大山崎も直轄都市として掌握する志向をもっていた。▲その具体的中身については不明だが、他の都市と同様、惣中の自律性には介入せず、その上位にみずからを位置づけて統制しようとする政策であったろう。

一五七八（天正《てんしょう》六）年の西国出兵に際し、淀・鳥羽とならんで「山崎の者共」が

▼**大山崎の支配方式**　信長の重臣佐久間信盛《さくまのぶもり》が代官を勤めていたらしい（『信長公記』）。

船を用意して京都まで信長を迎えにいっている(『信長公記』)。一五七九(天正七)年には、信長が、都市大山崎全体の氏寺《うじでら》ともいうべき宝積寺《ほうしゃくじ》に数日間逗留し、石清水《いわしみず》八幡宮の修理を命じたり、信長に謀反した摂津荒木村重《あらきむらしげ》▲一族の処分を決めるなど、パフォーマンスを演じている。

こうした直轄都市としての支配は、次代の羽柴《はしば》(豊臣《とよとみ》)秀吉《ひでよし》による山崎城築城、大山崎の城下町化による、より強力な統制へとつながっていく(九七ページ写真)。

細川藤孝の「一職支配」

一五六八(永禄十一)年の足利義昭・織田信長上洛以降、勝龍寺城には細川藤《ふじ》孝《たか》がはいった。藤孝は、義昭・信長から革嶋氏ら西岡の土豪を「与力《よりき》」として付属させられた。これは主従制的な関係ではなく、「陣参・普請已下《ふしんいか》」の動員についても「相談」するとされている。実際、革嶋氏は、信長重臣の滝川一益《たきがわかずます》と姻戚関係を結び、藤孝と対立したときには、一益の力を借りて権益を守った。一五七〇(元亀《げんき》元)年には、藤孝とは関係なく、一族で越前《えちぜん》国の浦々を攻撃し、信長から直接、感状をもらっている。さらに、一五七三(天正元)年、義昭と信長が

▼荒木村重　一五三五〜八六年。丹波国出身とも伝える荒木氏の一族で、摂津池田氏の重臣の一人であった。足利義昭と織田信長の対立のなかで池田城を乗っ取り、信長のもとに推参した。摂津伊《い》丹《たみ》氏を滅ぼし、伊丹城を有岡《ありおか》城と改名し、摂津一国の支配権を握った。信長に反旗をひるがえすが、みずからは籠城の途中で脱出して毛利《もうり》氏方に逃れ、晩年は茶人として暮らした。

▼藤孝の勝龍寺城普請　このときの普請で改修された勝龍寺城には、明智光秀の近江坂本《さかもと》城などと同様、石垣・瓦など、信長系の最新式の城郭《じょうかく》技術が採用された。

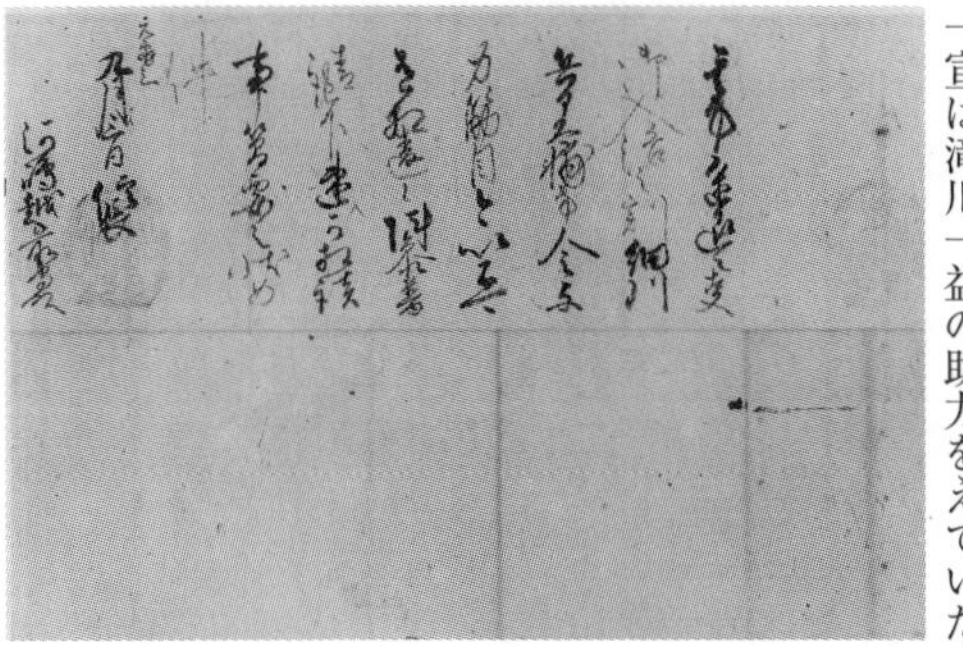

●──織田信長朱印状　一五七二年九月三日（『革嶋家文書』）。革嶋一宣が細川藤孝から「進退」（地位・領知）に違乱をかけられたとき、信長が一宣を保護したもの。一宣は滝川一益の助力をえていた。

対立すると、柴田勝家《しばたかついえ》・明智光秀《あけちみつひで》らと個別に関係を取り結ぶなど、幕府《ばくふ》滅亡時まで、藤孝の一元的な支配下にはいることはなかった（『革嶋家文書』、上写真）。

藤孝の土豪支配の限界性は、危急のときの軍事動員にあたって露呈する。一五七〇年、近江・摂津の両方向から挟み打ちにされた義昭・信長方は、大山崎・八幡を対象とした徳政令を発し（『龍安寺《りょうあんじ》文書』）、これに応じた「西岡一揆」が挙兵したおかげでなんとか窮地を脱した（『松井家文書』）。西岡の軍勢を広く動員するためには、戦国期と同様、徳政令《とくせいれい》が切り札として使われているのである。

当時、西岡の荘郷《しょうごう》の権益を求めて、義昭・信長配下のさまざまな武家が介入してきており、その状況は戦国期と変わらなかった。藤孝自身、そうした武家の一つとして利権を追求したため、しばしば荘園領主《しょうえんりょうしゅ》や土豪と対立し、非法を訴えられている（『久我家《こがけ》文書』など）。

こうした細川藤孝が、西岡に対する支配を進展させるきっかけとなったのは、やはり勝龍寺城であった。一五七一（元亀二）年、藤孝は、勝龍寺城の「要害」普▲請のため、「桂川より西、在々所々」の「門並《かどなみ》人夫参ヶ日」を使役することを織田信長から認められた（『細川家文書』）。ここでいう「桂《かつら》川より西、在々所々」とは

▼**諸入組**　一つの荘郷に複数の領主がいるなど、複雑に入り組んだ所領群。

▼**城米**　戦争に備えて城郭に備蓄した米。戦時に周辺農村の村人が籠城することになれば、自分たちの兵糧米ともなる。

▼**一職支配権**　中世においては一つの荘園に、本家《ほんけ》職、領家《りょうけ》職、地頭《じとう》職、代官職、公文《くもん》職などの所職が重層的に存在することが一般的であった。これらを整理し、荘郷それぞれの領主権を一つにまとめたもの。

西岡のことをさす。このとき、藤孝は西岡の「諸入組《しょいりくみ》▲」から勝龍寺「城米▲」を徴収する権利もあたえられたようで、散在所領に対する統一的な領知権獲得の端緒となった（『細川家文書』）。

一五七三年、義昭と信長の対立のなかでいずれに味方するか迷う藤孝に、革嶋秀存《ひであり》は、「当城に対して無二の御覚悟」を示す（『革嶋家文書』）。ここで秀存は、藤孝個人への忠節ではなく、「当城」＝勝龍寺城に対する「覚悟」から藤孝への協力を表明した。西岡の土豪たちの過半を味方にした藤孝が信長方に立ったことで畿内の戦況は信長有利に傾き、やがて室町《むろまち》幕府は滅びる。

このたび信長に対され忠節を抽んでられ候、誠に神妙の至りに候、よって城州の内、桂川を限り西地の事、一識（職）に申し談じ候、領知を全うし、相違あるべからざるの状くだんの如し、

元亀四
七月十日　（織田）信長（朱印）
細川兵部太（大）輔（藤孝）殿

（『細川家文書』、九五ページ上写真）

この文書によって藤孝は、「桂川を限り西地」、すなわち西岡の一職支配権▲を

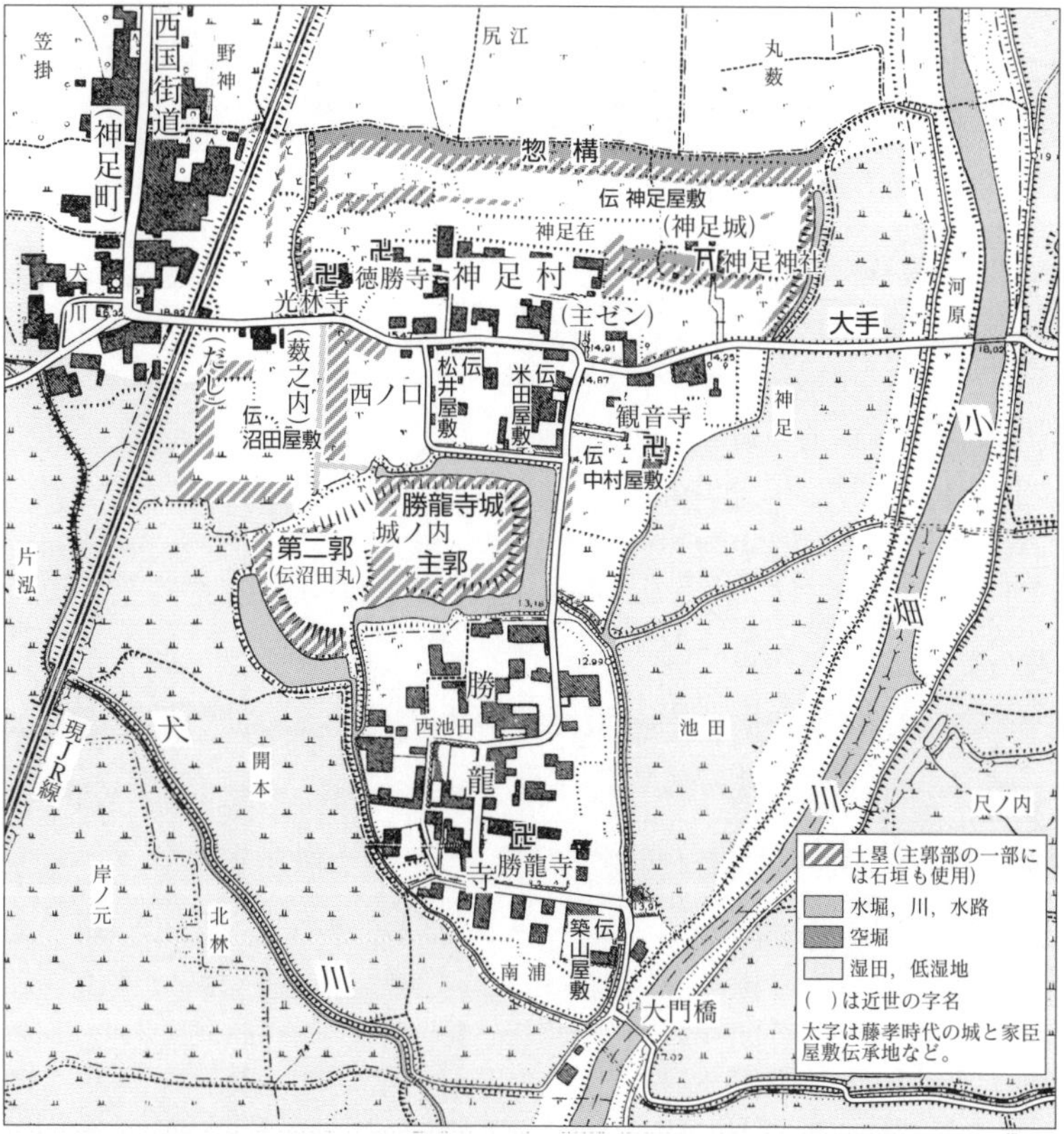

●――細川藤孝時代の勝龍寺城とその城下

参考：「古市村・神足村実相院領絵図写」(『乙訓寺文書』)，「古市村・神足村絵図」(『古市区有文書』)，「古市村・神足村実相院領絵図」(『乙訓寺文書』)，「神足村微細絵図」(『長谷川家文書』)，「山城国西岡御領知図」(『細川家文書』永青文庫，扉写真参照)，「青龍寺御城之図」(『細川家文書』永青文庫)。

獲得した。そのうえで、荘園領主に対しては、藤孝から所職を改めて給付した。また土豪には、本領安堵や新恩給与を行うとともに、その礼をさせるため勝龍寺城への出仕を命じた（次ページ中写真）。

これには物集女宗入《そうにゅう》が抵抗する。宗入は、「代々の所領に付き、御礼申し上ぐべき子細これ無きのよし」（物集女村は先祖代々の所領なので、藤孝に安堵されたといって御礼をいう必要はない）と、言い放って登城を拒否した。そのため、一五七五（天正三）年、宗入は勝龍寺城下へおびきだされ、藤孝によって謀殺されたという（『綿考輯録《めんこうしゅうろく》』）。ただちに物集女城は落城し、一族は追放されたらしい▲。

「細川」の姓を捨て、「長岡」を名乗るようになった藤孝は、信長の家臣として各地を転戦したが、これには西岡の土豪たちも従軍した（『志水家文書』）。一五七五年の革嶋・大岡（岡）間の境目・用水相論においては、藤孝の奉行衆のみが審理にあたり、三好政権のときのように国衆が相論に姿をみせることはなかった（『革嶋家文書』、次ページ下写真）。藤孝は、地域を一元的に支配する大名権力として確実に支配を伸ばしていた。

藤孝は、支配の拠点である勝龍寺城について、このころ、「物語」をつくった

▼物集女氏の末路　土豪を失った物集女に「新市」が開かれることもなくなっただろう。近年まで、地元では、物集女城の城主を小笠《おがさ》原《わら》氏であると伝えてきた。物集女氏の存在そのものを否定しなければならなかったのであろうか。

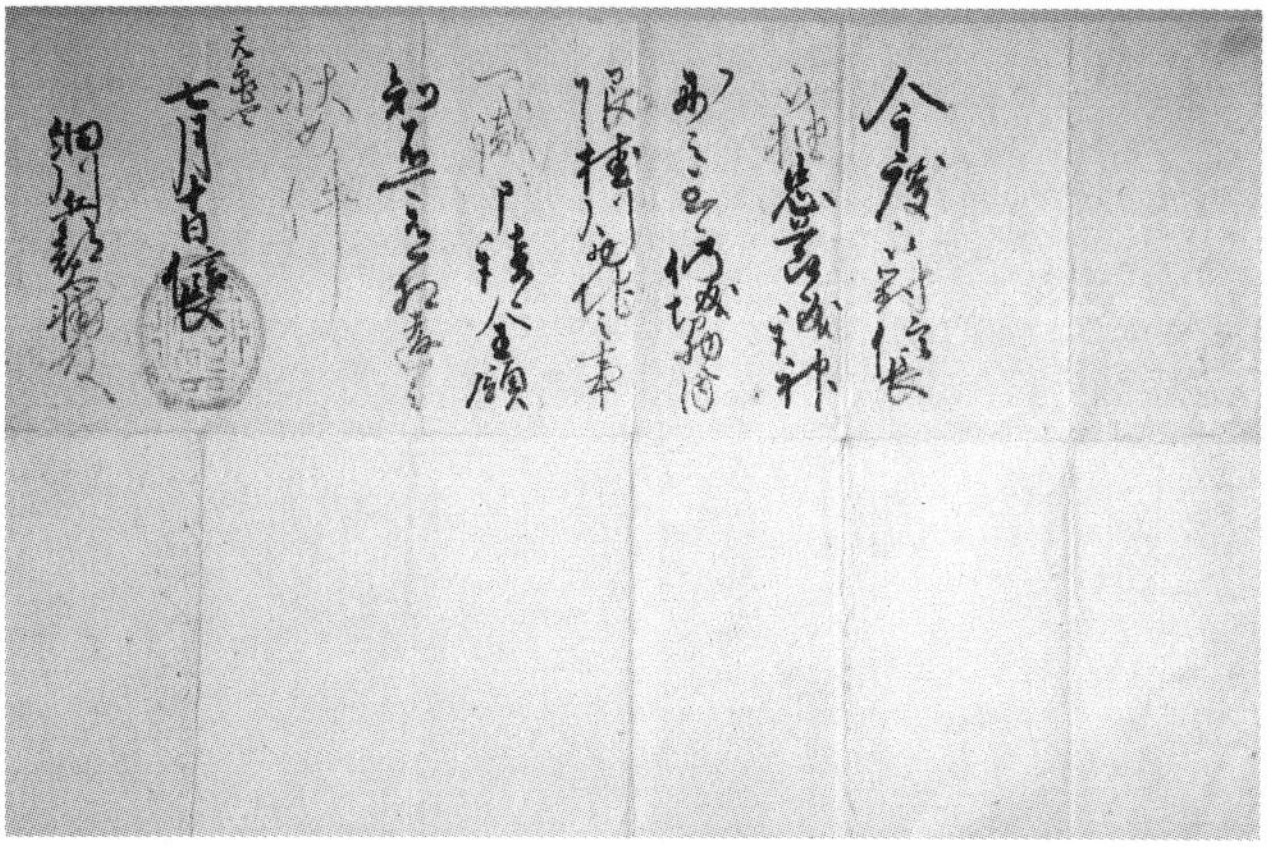

●織田信長朱印状　一五七三年七月十日(『細川家文書』)。

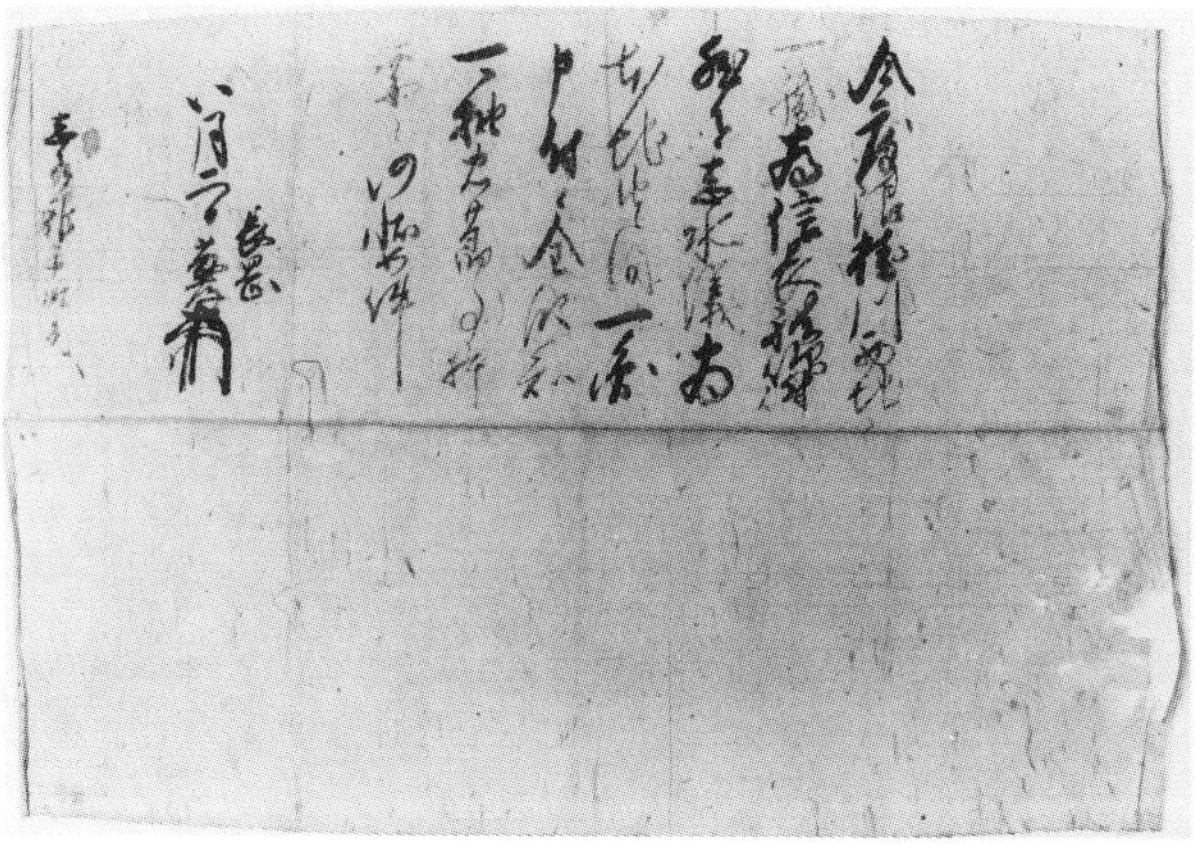

●細川藤孝書下　一五七三年八月二日(『志水家文書』)。志水清久に対し、本領である志水村の領知を安堵している。

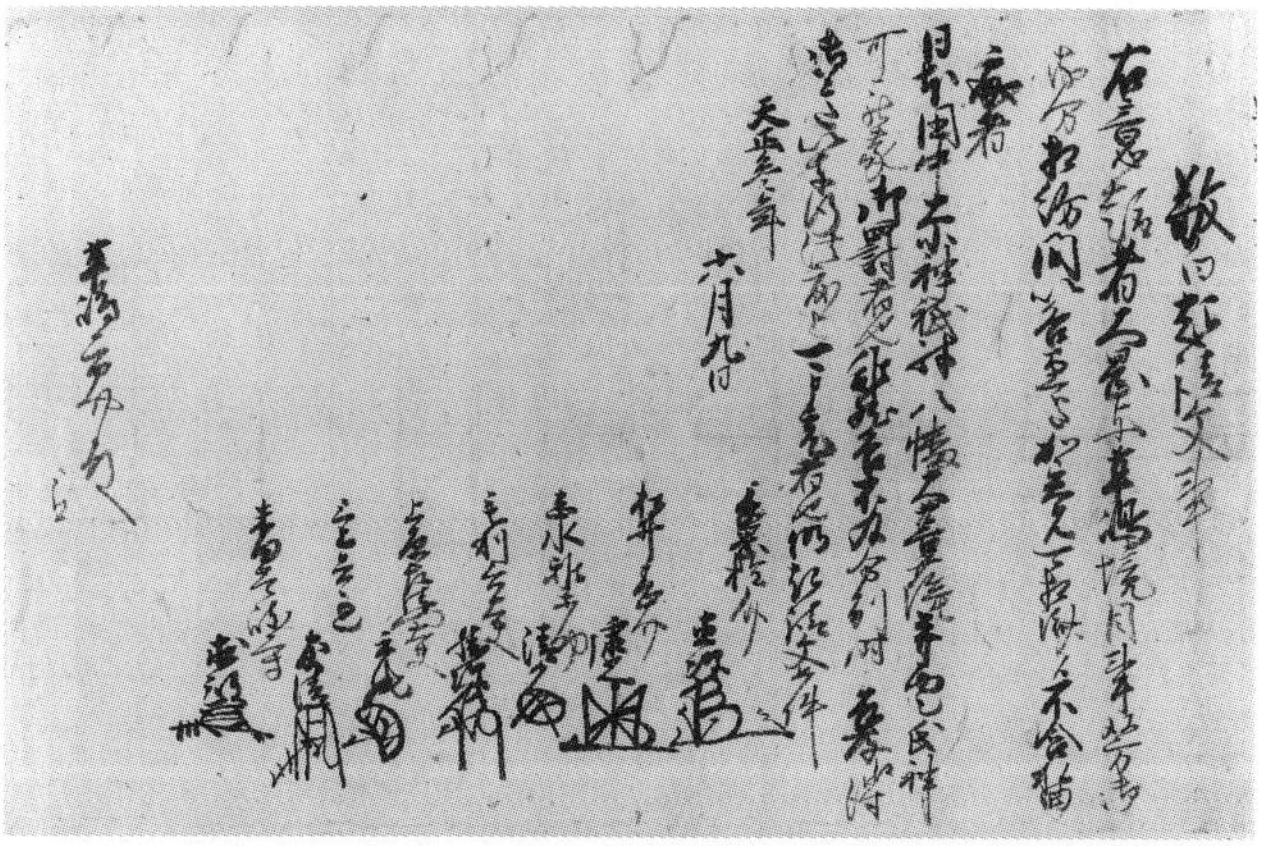

●細川藤孝奉行人連署起請文　一五七五年六月九日(『革嶋家文書』)。

▼**細川頼春**　?〜一三五二年。足利尊氏《たかうじ》の側近で、細川京兆《けいちょう》家《け》・和泉半国守護家(上守護)の祖。

▼**細川元有**　?〜一五五〇年。和泉半国守護(上守護)。

▼**細川忠興**　一五六三〜一六四五年。明智光秀の娘・玉(ガラシャ)を妻とする。のち、豊前《ぶぜん》・肥《ひ》後《ご》に移る。

▼**蔵入地**　豊臣政権の財政をまかなう直轄領。西岡では、西国街道筋の重要な村々に設定された。

▼**相給**　複数の領主によって分割知行されること。特定の領主による強力な支配がおよびにくい。

▼**永井氏**　一六三三(寛永《かんえい》十)年、永井直清《なおきよ》が勝龍寺に入部した。淀城の兄・尚政《ひさまさ》とともに、京都の南の入口を押さえた。一六四九(慶《けい》安《あん》二)年、摂津高槻《たかつき》へ国替え。

▼**神足館**　永井直清が一六三三(寛永十)年、勝龍寺城にかえて、その北側の台地上に建設した城館。

らしい。近世細川藩に伝わった伝承では、細川頼春《よりはる》▲が十四世紀、勝龍寺城を築城したという。また細川元有《もとあり》▲(藤孝の祖父)が室町将軍から西岡に三〇〇〇貫の領地をもらい、勝龍寺城を築いたと伝え、さらに藤孝は、将軍足利義輝の側近時代から勝龍寺城を領有していたという(『細川家文書』)。しかし、さきにみたように、十四世紀には勝龍寺に城は存在しなかった。また和泉守護《しゅご》家の元有が西岡に所領を保有したり、若い藤孝が勝龍寺城を領したりできるはずもない。こうした伝承は、元亀・天正年間(一五七〇〜九二)、藤孝が西岡支配を進めていくなかで、支配の正統性を土豪たちに示すため、徐々に形づくっていった「物語」であったのだろう。

藤孝の支配にとって、西岡という領域と勝龍寺城がセットで重要であったことがわかる。

「国」と「所」の残影

一五八〇(天正八)年、細川忠興《ただおき》▲(藤孝の嫡子)が丹後へ国替えを命じられた。西岡の土豪のなかには忠興に従う者もいたが、神足氏・革嶋氏の当主など、在

▼**向日町**　一五九二(天正二十)年、向日社の門前町として豊臣政権に公認された。寺戸村・鶏冠井村などを基盤に成立した。

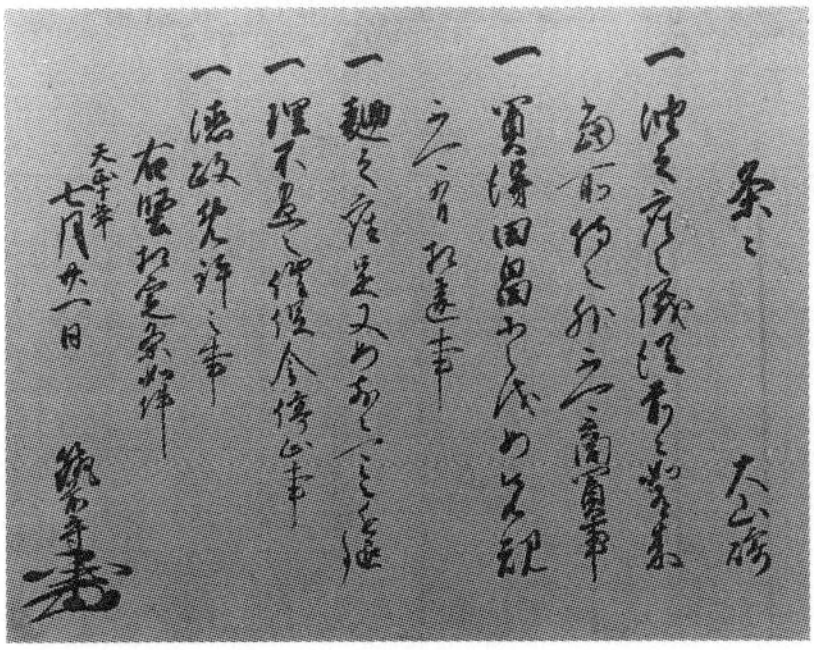

●──**羽柴秀吉掟書**　一五八二(天正十)年七月二十一日(『離宮八幡宮文書』)。大山崎を城下町とした秀吉が油座《あぶらざ》の特権を認め、徳政を免除するなど、中世以来の権利を保障している。

所「相続」を理由に同道を拒否した者も多い。だが、彼らがいつまでも、戦国の「国衆」の時代のような卓越性を持ち続けることはなかった。近世権力は、村を基本とし、百姓集団に立脚した支配を進めていく。

西岡は、豊臣氏の蔵入地《くらいりち》▲となって以降、公儀《こうぎ》権力の直轄地としての性格を強め、また相給《あいきゅう》▲の村々が広がった。勝龍寺城は、山崎合戦で明智光秀が利用したあと、廃城となった。一六三〇～四〇年代、永井氏▲の神足館▲がおかれたのを最後に、西岡から武家権力の拠点は消え去る。大山崎は町場として残ったものの、かつての繁栄を取り戻すことはなかった。河嶋の「寺内」も長続きしなかった。京都の圧倒的な市場圏に飲み込まれてしまったのである。

こうして「国」や「所」はその姿を消し、戦国時代の村と町はその形を変貌させていく。だが、近世においても、国衆の末裔のなかには村のなかで特別な社会的身分を維持する者も多くいたし、桂川の用水によって結びついた村々の結合は維持された。また向日《むこう》町▲・神足町など、戦国時代に起源をもつ町場が西国街道沿いに成長していった。そして「西岡」という地域社会のつながりは、現代においても私たち住民を結びつけているのである。

●—「洛外図屛風」に描かれた村

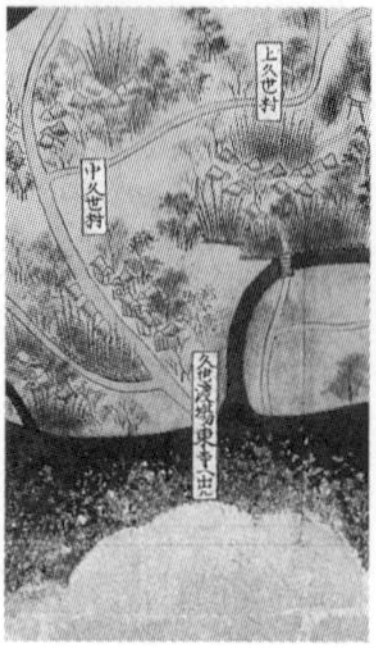

①上久世村と桂川の渡し

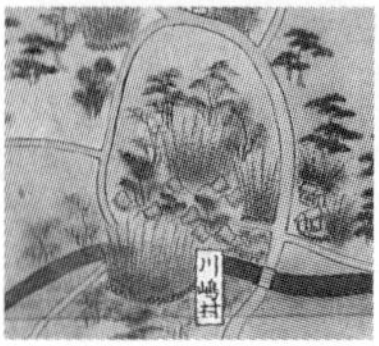

②川嶋村

「国」と「所」から描く戦国史

戦国時代、多くの村や土豪《どごう》は連合して「国」「七郷中」などと自称するような地域社会を形づくり、町《まち》では「所」と表現されるような共同体を形成した。村では土豪が台頭してくる。彼らは武家《ぶけ》権力と結びつくことで荘園領主《しょうえんりょうしゅ》との関係を相対化し、また将軍の被官《ひかん》(人)に任じられたり、半済《はんぜい》をあたえられたりすることで社会的な身分・地位をえた。やがて、土豪の集団化が進み、「国」を単位に結集する国衆《くにしゅう》と呼ばれるようになる。ただし、村によって土豪のあり方は千差万別で、卓越した土豪を生み出さない村も珍しくなかった。逆に、交通の要衝に生まれた「都市的な場」を本拠とする土豪は、「国」をたばねる指導的な立場に就いた。

③物集女村

④向日明神と向日町

町の共同体は、神社を中心とする宗教的なものから地縁的な組織に変化し、宿老《しゅくろう》・若衆《わかしゅう》などが生まれた。町の地理的領域を確定するため牓示《ぼうじ》を打ったり、防衛のために構《かまえ》(土塁・堀・木戸門など)を築いたりする。また日常的な相互扶助を強化するために、町の内部がさらにいくつかの部分に分かれて、より小規模な共同体(町《ちょう》や保《ほ》と呼ばれる)を形づくった。

こうして「国」も「所」も、みずからの領域内の諸問題を自律的に解決する能力を獲得し、構成員からも、外部勢力からも「公」的な存在と認められるようになった。一構成員の問題が組織全体の問題になる、一揆的な集団原理をもつことでも両者は共通する。

このような「国」や「所」の存在を認めるところから近世権力は出発する。「国」に対しては、直臣《じきしん》を国衆のなかに送り込んだり、中心核である城に大名《だいみょう》がはいったりして、地域社会を「共同統治」する形式で介入を強めた。また、支配貫徹の障害になっていた中世的な所職を一掃し、一職支配を志向した。こうした方法によって大名に権限を集中し、旧来からの「国」の範囲をそのまま大名の支配領域に変えていったのである。町に対しては、禁制《きんせい》や徳政《とくせい》免除をあたえて特別な保護対象と認めたうえで、代官を任命して直轄都市とする。共同体を破壊することなく、みずからをその上に位置する「公」と認めさせることで支配のなかに組み込んでいく。やがて近世権力は、土豪とその管理下にある「都市的な場」をともに城下町《じょうかまち》へ集中させることで、地域社会の「乗っ取り」を完成させる。

ただし、織豊《しょくほう》政権を外部からの征服者・乱入者とのみみなすかぎり、近世社会誕生の意味を地域社会のなかから解くことはできない。近世権力は、地域社会にとってけっして外在的な存在ではないのである。

権力の中枢部が三好《みよし》氏であったり、織田・細川（和泉守護家《いずみしゅごけ》）氏であったりしても、権力組織のなかには地域社会のメンバーが深く組み込まれている。「兵農《へいのう》分離《ぶんり》」「兵と商工の分離」によって村や町から離れた武士（土豪や有力町人）は、今度は支配権力の一員として地域社会に臨む。また、一五六六年の石成友通《いわなりともみち》にはじまり、一六四九年の永井《ながい》直清《なおきよ》にいたるまで、勝龍寺《しょうりゅうじ》城・神足《こうたり》館の城主が、形を変えつつも西岡《にしのおか》を単位とする支配を継続したことは、地域社会のあり方を前提とした支配が進められていることを意味する。土豪を支配者集団に取り込み、城下町に集住させる、とはそういうことなのである。

西岡や大山崎《おおやまざき》は京都の近郊に位置する「特殊地域」であるかもしれない。西岡の中心核として成長した勝龍寺(城)は、城下町として近世へ継続せず、突然、その歴史を絶つ。土豪たちのなかの主だった者は、武士とならないで近世の村に残った。大山崎は、近隣の西岡との関係とは別に、京都に直結する都市であり続けた。しかし、西岡と大山崎で確かめられた「国」と「所」の世界、村と町のかたちは、当該期に普遍的な、あるいは時代の最先端のモデルの一つであったといえるだろう。そして、これを「克服」していくなかで近世権力は全国支配の方法をみがいていったのである。

織豊政権は、そして近世社会は、戦国時代の村と町が、山城国西岡の「国」と「所」の世界が生み出したのである。

①**開田城**(中小路氏の居館跡，長岡京市天神，2003〈平成15〉年８月)
数少なくなった土豪の居館跡がまた一つ姿を消そうとしている。

発掘調査によって，単純な方形単郭ではなく，主郭西南隅に張出し部をもち，複郭をともなう複雑な構造であることが判明した。写真にみえる西側土塁の一部のみ保存され，中心部にはマンションが建つ。

②**物集女城**(物集女氏の居館跡，向日市物集女町，2003年10月)
土豪の居館跡を核にした「まちづくり」の活動がはじまった。
東側土塁上に繁茂していた竹を部分的に伐採し，土塁の姿を多くの人にアピールするための作業を，地元関係者と学生が共同して行う。教育，観光とも連動させながら史跡を活用していく試みが求められている。

●――写真所蔵・提供者一覧(敬称略，五十音順)

井尻時雄・大山崎町歴史資料館　p. 14上

(財)永青文庫・熊本大学附属図書館(寄託)　扉，p. 95上

大山崎町歴史資料館　p. 57

京都府立総合資料館　p. 19～21, 24, 26, 30, 34～38, 47, 58, 70, 76, 82, 91, 95下

宮内庁書陵部　p. 41, 64, 65, 68・69

神戸市立博物館　カバー表，p. 98・99

志水家・長岡京市教育委員会　p. 95中

随心院・長岡京市教育委員会　p. 85

玉城玲子　p. 102下

調子八郎・長岡京市教育委員会　p. 18, 46

独立行政法人国立公文書館　p. 84

中井香織・京都国立博物館　カバー裏

長岡京市教育委員会　p. 102上

(財)前田育徳会　p. 14下

正木彰・長岡京市教育委員会　p. 81

離宮八幡宮・大山崎町歴史資料館　p. 10, 11, 25, 32, 52, 53, 56, 86, 88, 97

ん通信』159, 1982年
福島克彦「戦国期畿内の城館と集落」村田修三編『新視点　中世城郭研究論集』新人物往来社, 2002年
『勝龍寺城―発掘調査報告―』長岡京市埋蔵文化財調査報告書6, 1991年

⑤―「国」・「所」と天下統一

天野忠幸「戦国期三好氏による在地支配」日本史研究会中世史部会報告, 2002年 2 月
池上裕子「戦国の村落」『岩波講座日本通史』10, 岩波書店, 1994年
今谷明『戦国三好一族』新人物往来社, 1985年
神田千里「近世における山城国革島氏の活動基盤」『海南史学』25, 1987年
高橋敏子「東寺寺僧と公文所との相論にみる三好政権」『東寺文書にみる中世社会』前掲
仁木宏「戦国・織田政権期京都における権力と町共同体」『日本史研究』312, 1988年
仁木宏「松井家文書三題」『人文研究(大阪市立大学文学部)』48-12, 1996年
仁木宏「細川藤孝と革嶋秀存」『日本国家の史的特質』古代・中世, 思文閣出版, 1997年
湯浅治久「中世後期の領主と地域社会」『人民の歴史学』157, 2003年
吉田ゆり子『兵農分離と地域社会』校倉書房, 2000年
脇田修「一職支配の成立」『織田政権の基礎構造』東京大学出版会, 1975年
『宮津市史』通史編上巻, 2002年

書房, 2000年
勝俣鎮夫「惣村と惣所」『朝日百科日本の歴史別冊・歴史を読みなおす13　家・村・領主』朝日新聞社, 1994年
久留島典子「中世後期の『村請制』について」『歴史評論』488, 1990年
下川雅弘「武家権力による諸役賦課と荘園領主・在地社会の対応」『史叢』67, 2002年
下川雅弘「戦国期における室町幕府の政権交替と在地社会」日本大学文理学部学術研究発表会, 2003年10月
鈴木江津子「『離宮八幡宮の成立』試論」『人文研究(神奈川大学人文学会)』148, 2003年
田中克行「村の『半済』と戦乱・徳政一揆」『中世の惣村と文書』前掲
田中克行「全国『郷質』『所質』分布考」『中世の惣村と文書』前掲
田中倫子「東寺の合力要請」『山口芸術短期大学研究紀要』21, 1988年
仁木宏「戦国・織田政権期京都における権力と町共同体」『日本史研究』312, 1988年
仁木宏「中世都市大山崎の展開と寺院」『史林』75-3, 1992年
野田泰三「西岡国人土豪と三好氏」東寺文書研究会編『東寺文書にみる中世社会』東京堂出版, 1999年
湯浅治久「革嶋氏の所領と乙訓郡一揆」『中世後期の地域と在地領主』吉川弘文館, 2002年
歴史学研究会日本中世史部会運営委員会ワーキンググループ「『地域社会論』の視座と方法」『歴史学研究』674, 1995年
脇田晴子『日本中世都市論』東京大学出版会, 1981年

④―「都市的な場」のかたち
今谷明「畿内近国における守護所の分立」『守護領国支配機構の研究』法政大学出版局, 1986年
高橋昌明「中世乙訓の鐘の音」『乙訓文化遺産』8, 2001年
仁木宏「細川氏奉行人飯尾為清奉書と大山崎徳政事情」『大山崎町歴史資料館館報』5, 1998年
仁木宏「寺内町と城下町」有光有學編『日本の時代史12　戦国の地域国家』吉川弘文館, 2003年
早島大祐「京郊地域の債務と高利貸」『新しい歴史学のために』247, 2002年
早島有毅「戦国末期山城革島庄『河島寺内』史料について」『京都市史編さ

●――参考文献

『向日市史』上・下巻, 史料編, 1983～88年
『長岡京市史』本文編1・2, 資料編2・3, 1992～97年
『大山崎町史』本文編・史料編, 1981・83年
『桂川用水と西岡の村々』向日市文化資料館, 特別展図録, 1997年
『自治の街, 大山崎』大山崎町歴史資料館, 第5回企画展図録, 1997年
『京都の城, 乙訓の城』大山崎町歴史資料館, 第6回企画展図録, 1998年
『西国街道と大山崎』大山崎町歴史資料館, 第7回企画展図録, 1999年
『えごまを求めて―中世大山崎の商人たち―』大山崎町歴史資料館, 第9回企画展図録, 2001年
『山崎合戦―秀吉, 光秀と大山崎―』大山崎町歴史資料館, 第10回企画展図録, 2002年

①―村と町の結びつき
神田千里「土一揆像の再検討」『史学雑誌』110-3, 2001年
桜井英治「中世・近世の商人」桜井英治ほか編『新体系日本史12　流通経済史』山川出版社, 2002年
田中克行「土一揆と徳政一揆」『中世の惣村と文書』山川出版社, 1998年
玉城玲子「中世桂川用水の水利系統と郷村」増尾伸一郎ほか編『環境と心性の文化史』上, 勉誠出版, 2003年

②―村・町の住人の力
今谷明『室町幕府解体過程の研究』岩波書店, 1985年
川岡勉「室町幕府―守護体制と山城国一揆―」『歴史学研究』725, 1999年
酒井紀美「山城国西岡の『応仁の乱』」『相剋の中世』東京堂出版, 2000年
末柄豊「細川氏の同族連合体制の解体と畿内領国化」石井進編『中世の法と政治』吉川弘文館, 1992年
田中淳子「山城国における『室町幕府―守護体制』の変容―」『日本史研究』466, 2001年

③―「国」と「所」の誕生
今谷明『土民嗷々』新人物往来社, 1988年
榎原雅治「地域社会における『村』の位置」『日本中世地域社会の構造』校倉

日本史リブレット26
戦国時代《せんごくじだい》、村《むら》と町《まち》のかたち
2004年２月25日　１版１刷　発行
2021年12月31日　１版６刷　発行
著者：仁木《にき》　宏《ひろし》
発行者：野澤武史
発行所：株式会社 山川出版社
〒101−0047　東京都千代田区内神田１−13−13
電話 03(3293)8131(営業)
03(3293)8135(編集)
https://www.yamakawa.co.jp/
振替 00120-9-43993
印刷所：明和印刷株式会社
製本所：株式会社 ブロケード
装幀：菊地信義

Printed in Japan ISBN 978-4-634-54260-0

日本史リブレット　第Ⅰ期［68巻］・第Ⅱ期［33巻］　全101巻